Heinz Csallner

Zwischen Weichsel und Warthe

Über 300 Fotos vom Leben wie es damals war

DÖRFLER
ZEITGESCHICHTE

Quellenangaben: Die Jahrbücher Weichsel-Warthe, Jahrgänge 1954-1988.
Allen, die mit Rat und Tat mein umfangreiches Projekt unterstützt haben, gilt mein besonderer Dank.

Bildnachweis: Die Ansichtskarten stammen von Herrn Renny Horst Hagel, Hattingen, Herrn Heinz Kühnel, Regensburg, Herrn Ardo Vaumund, Bremen sowie aus dem Warthegau-Bildarchiv des Verfassers.

Genehmigte Lizenzausgabe für Edition DÖRFLER im NEBEL VERLAG GmbH, Eggolsheim

Im Internet finden Sie unser Verlagsprogramm unter:
www.edition-doerfler.de

Inhalt

Ein Wort zuvor

Dieses ist ein ungewöhnliches Buch zu einem ungewöhnlichen Thema. Über den Warthegau ist bisher in dieser Form noch kein Bildband erschienen.
Vorab: Mit der Einschaltung des Wortes »damalig« kann es zu keinen Mißstimmigkeiten kommen, denn dieser Begriff verdeutlicht ein abgeschlossenes Geschichtskapitel.
»Warthegau«, »Wartheland« oder »Reichsgau Wartheland«? Die Formulierung »Warthegau« wurde gewählt, da sie ein klar definiertes, räumlich abgegrenztes Gebiet einschließt, während »Wartheland« mehr eine geographische Zuordnung beinhaltet. Der amtliche Name »Reichsgau Wartheland« fand nur im Dienstgebrauch Anwendung und konnte sich bei der Bevölkerung nicht durchsetzen.

Dieses Buch ist gleichzeitig auch ein Wagnis, denn es stellt ein Politikum dar. Zu sehr ist der Name »Warthegau« noch bei vielen Deutschen mit den Ereignissen des Dritten Reiches verbunden. Für viele polnischen Bürger bedeutet er den Verlust ihrer Heimat, ihres Besitztums und Zwangsumsiedlung in östliche Teile ihres Landes.

Und doch ist es an der Zeit, auch diesen Teil der jüngsten deutschen Geschichte zu dokumentieren und aufzuarbeiten. Wie verschiedentlich darauf hingewiesen, trägt der Name »Warthegau« zu Unrecht weitgehend negative Vorstellungen in sich, denn ein großer Teil dieses Landes bestand aus der früheren deutschen Provinz Posen. Die Eingliederung weiterer, rein polnischer Landesteile im Osten bleibt unbestreitbar eine sehr fragwürdige Entscheidung, die bereits bei ihrem Entstehen von vielen Deutschen abgelehnt wurde.
Das Posener Land kam 1793 zu Preußen und wurde 1871 somit Teil des Deutschen Reiches. Ähnlich wie Ost- und Westpreußen, Pommern oder Schlesien wurde auch dieses Gebiet ab dem 13. Jahrhundert von Deutschen besiedelt. So spiegelt dieses Land an der Warthe neben der polnischen auch eine 700-jährige deutsche Geschichte wider. Im Gegensatz zu den anderen deutschen Ostprovinzen war aber in der Provinz Posen seit jeher der polnische Bevölkerungsanteil, vor allem auf dem Lande, größer; obwohl in den Städten wie Posen, Hohensalza, Bromberg, Lissa, Rawitsch, Birnbaum oder Bentschen durchaus das Deutschtum dominierte. Insofern unterscheidet sich die Provinz Posen strukturell von den anderen ehemaligen deutschen Ostprovinzen, in denen eine durchweg deutsche Bevölkerung gelebt hatte.
Geschichte – preußische, deutsche, polnische, oft ineinander verwoben und verbunden, soll hier nicht detailliert wiedergegeben werden, darüber sind bereits unzählige Bücher und Artikel veröffentlicht worden.
In Urzeiten Heimat der Ostgermanen (Wandalen, Burgunder, Hasdinger, teilweise auch von Wikingern bewohnt – davon zeugen viele Ausgrabungen und Gräberfelder), wanderten nach dem Abzug dieser Völker im 9. Jahrhundert slawische Stämme in die fast menschenleere Wildnis um Weichsel, Netze und Warthe ein. Mit dem Vordringen des Christentums (1210 übertrug der Papst dem Bischof von Gnesen alle Missionsgebiete) und der systematischen Anlage von Klöstern und Kirchen wurde das Land in die abendländischen Kulturkreise eingebunden. Die katholische Kirche sollte fortan bei dem gläubigen Volk der Polen eine herausragende Rolle spielen – dies ist bis heute so geblieben.

Um wieder auf die Geschichte des Posener Landes zurückzukommen, das in seinen äußeren Strukturen seit der Jahrtausendwende im wesentlichen unverändert erhalten blieb: Entscheidende Veränderungen, verbunden mit einem starken wirtschaftlichen Aufschwung traten 1793 ein, als die Provinz Posen im Rahmen der zweiten Polnischen Teilung zu Preußen kam. Der Netzedistrikt war bereits 1772 Preußen zugesprochen worden — man sagt Friedrich dem Großen ein besonderes Faible gerade für diese Neuerwerbung nach. Es ist überliefert, daß er die Eindämmungsarbeiten an Netze — und Warthebruch persönlich inspizierte.

Nach dem Ersten Weltkrieg wurde der Großteil der Provinz Posen dem neu erstandenen polnischen Staat einverleibt. Ein kleiner Streifen im Westen mit den größeren Städten Meseritz, Schwerin, Bomst, verblieb beim Deutschen Reich zunächst als Teil der neuen Grenzmark Posen — Westpreußen; später mit der Provinz Brandenburg verbunden. Stadt und Kreis Fraustadt kamen zu Schlesien.

Kurz nach dem Einmarsch der Deutschen Wehrmacht in Polen entstand bereits am 21.10.1939 zunächst der Reichsgau Posen, dessen Namen dann am 5.2.1940 in Reichsgau Wartheland umgeändert wurde, und genau an diese Grenzen hat sich der Autor gehalten. Deshalb werden vielleicht manche Leser ihre Heimatstädte Bromberg, Nakel oder Crone vergeblich in diesem Band suchen, obwohl sie früher zur Provinz Posen gehört hatten, sie kamen 1939 zu Westpreußen. Andererseits wird es manche überraschen, u. a. Ansichten von Litzmannstadt oder Kalisch zu finden. — Ereignisse von besonderer Bedeutung, wie die Neuansiedelung Deutscher aus dem Osten oder die Flucht und Vertreibung werden gesondert geschildert.

Der Warthegau war in die drei Regierungsbezirke Posen, Hohensalza und Litzmannstadt unterteilt. Diese Bezirke werden der Reihe nach besprochen, wobei jeweils versucht wurde, die wichtigsten Städte vorzustellen und aus historischer Sicht zu interpretieren. Die Hauptstadt Posen wird wegen ihrer überragenden kulturellen und wirtschaftlichen Bedeutung als erstes ausführlich dokumentiert und gewürdigt.
Das bittere Schicksal der jüdischen Bevölkerung, vor allem aus dem Raum Litzmannstadt, das namenlose Leid der einheimischen polnischen Bevölkerung, verursacht durch einen total überzogenen deutschen Rassenwahn und durch die Vorstellung, eine neue Ordnung schaffen zu müssen, soll hier nicht verschwiegen werden. Die Deutschen haben hierfür mit ungeheuren Opfern bezahlen müssen, ihre Heimat, ihre Vergangenheit ist weitgehend ausgelöscht worden.
Es grenzt fast an ein Wunder, daß doch noch soviele Ansichtskarten aus dem Warthegau beschafft werden konnten, um ein lückenloses Mosaik aufzuzeigen. Jahrelang war der Autor bemüht, Material zusammenzutragen, das in seiner Art wohl einmalig ist. Vielleicht für manche ein Anstoß, sich intensiver als bisher auch mit dieser deutschen Geschichte zu befassen — nicht nur in Göttingen, Aschaffenburg oder Kleve — auch in Lissa, Rawitsch oder Hohensalza haben sich jahrhundertelang deutsche Schicksale abgespielt und vollendet.

Frankfurt/Main, im Sommer 1989 — Heinz Csallner

Posen

968 wurde ein von Magdeburg abhängiges Bistum Posen gegründet. Im 10. Jahrhundert war Posen eine größere Siedlung auf dem rechten, ostwärtigen Warthe-Ufer. Bedeutsam ist das Jahr 1253, zu diesem Zeitpunkt erfolgte die Neugründung der Stadt zu Magdeburger Recht auf dem linken Warthe-Ufer mit einem großzügig angelegten Marktplatz und dem Straßennetz, das dem deutschen Kolonialschema folgte. Die Gründungsurkunde der Stadt von 1253 weist aus, daß der Vogt Thomas aus Guben das Recht erhalten habe, die Stadt zu deutschem Recht zu besetzen und deutsche Siedler (in der Urkunde »Theutunici« genannt) zu diesem Zweck heranzuholen.
Posen wurde bald Hansestadt. Das 16. Jahrhundert war die Blütezeit der Stadt, von der die Werke des großen Nürnberger Bildhauers Veit Stoß und die Grabplatten seines Landsmannes Peter Vischer im alten Dom ebenso zeugen wie das nach dem großen Stadtbrand 1536 im Renaissancestil wieder aufgebaute Rathaus.
Mit dem Sieg der Gegenrevolution in Polen ging die deutsche Führung der Stadt verloren. 1793 kam Posen durch die zweite Polnische Teilung an Preußen, in mehreren Schüben setzte wieder der Zustrom deutscher Siedler ein, berühmt geworden ist der Zug der Einwanderer aus dem Raum Bamberg in der Mitte des 18. Jahrhunderts, daran erinnert auch heute noch ein Denkmal (Wasserträgerin in Bamberger Tracht) in der Altstadt Posens.

Ein neuer dynamischer Aufschwung begann mit der Bahnverbindung nach Berlin 1870 und nach der Anbindung an die Ostbahn 1879. Posen wurde Handels-, Verkehrs- und Verwaltungszentrum. Nach dem Abriß der ausgedehnten Befestigungsanlagen entstanden um die Jahrhundertwende die prachtvollen, großen Bauten wie die Königliche Akademie, das Königliche Residenzschloß, das Theater und das Kaiser-Friedrich-Museum. Breite Straßen mit vornehmen Patrizierhäusern belebten das Stadtbild, Denkmäler von Kaiser Wilhelm I., Kaiser Friedrich III. und von Bismarck erfreuten die Bürger. Stolz fuhr man mit der neuen Straßenbahn und flanierte über den Alten Markt mit Hauptwache, kurzum — ein Flair von Berliner Leben und Treiben lag über dieser heiteren Stadt, die 1910 über 65.000 deutsche Einwohner zählte.
Nach dem Ersten Weltkrieg wurde Posen schon Ende 1918 von den Aufständischen (Novemberrevolte) übernommen, Tausende von Deutschen verließen nach andauernden Querelen ihre nun polnisch gewordene Heimatstadt.
Von 1939-1945 Hauptstadt des Reichsgaues Wartheland, Sitz vieler Behörden, Dienst- und Verwaltungsstellen, hatte Posen auch einen Ruf als bedeutende Industriestadt; Maschinen-, Lokomotiven- und Holzindustrie bestimmte das Wirtschaftsleben. Posen wurde Mitte Januar 1945 zur Festungsstadt erklärt und nach heftigen Kämpfen Ende Februar vollständig von der Roten Armee eingenommen. (Siehe Seite 33-34).

Das mächtige Rathaus dominiert den Marktplatz und ist nicht nur zum Wahrzeichen der Stadt Posen, sondern der gesamten Provinz Posen geworden. Es wurde um 1300 ursprünglich im gotischen Stil errichtet und um 1550 durch den italienischen Baumeister Giovanni Battista di Quadro im Stil der Hochrenaissance erweitert.

Der von dem Schlesier Scheps meisterhaft gestaltete Proserpina-Brunnen im Rokoko-Stil auf der Ostseite des Rathauses stammt aus dem Jahre 1766 und erinnert an den Raub der Proserpina durch Pluto.

Zwei markante Bauwerke Posens, die nach der Jahrhundertwende erbaut wurden und vor allem Repräsentationszwecken dienten: Das Kgl. Residenzschloß im romanischen Stil und als kultureller Mittelpunkt das Stadttheater mit dem durch sechs Säulen verzierten Haupteingang (Seite 10). Das Residenzschloß, 1910 eingeweiht, entstand nach Plänen des Architekten Franz von Schwechten in Anlehnung an mittelalterliche Kaiserpfalzen.

Das Posener Stadttheater wurde 1910 durch Prof. Littmann — den Schöpfer des Hoftheaters in Weimar, des Berliner Schiller-Theaters und des Prinzregenten-Theaters in München — errichtet.

Das Stadtbild Posens zeigt Großzügigkeit: Die gerade Verbindung von der evangelischen Paulikirche, 1869 im gotischen Stil erbaut, am Schloß vorbei, über die Theaterbrücke in Richtung Große Berliner Straße.

Schöne, gepflegte Plätze laden zum Verweilen ein... der Wilhelmsplatz mit Blick zum Stadttheater...

...und mit Blick auf die Bibliothek und das Kaiser-Friedrich-Museum. Graf Eduard Raczynski ließ die nach ihm benannte Bibliothek 1829 erbauen und übereignete sie der Stadt Posen.

Großstadt Posen: Vor dem Hotel Monopol warten die Taxen, dieselben bekannten Modelle, die man in ganz Deutschland um diese Zeit antrifft, schwarze Opel-Limousinen. Die Straßenbahn Nr. 10 rattert vorbei und wer will, kann in der Lotterie Lose kaufen.

In der eleganten Wilhelms-Straße befand sich die Reichsbank, links daneben die Filiale Posen der Deutschen Bank...

...sowie das Kaiser-Friedrich-Museum und eines der ersten Hotels am Platze, der Posener Hof mit den Amphoren auf dem Dachgiebel.

DAS ALTE POSEN

Eine große Attraktion in der Berliner Straße — eines der ersten vielbestaunten Automobile in Posen!

Der Perseusbrunnen auf dem Königsplatz, ein Geschenk Wilhelms II. an die Stadt Posen. Nach dem Ersten Weltkrieg wurden die deutschen Ansichtskarten überdruckt und weiterverwendet. Geschichte auf Dokumenten.

Manche Leser werden überrascht sein, in diesem Buch ein Bild Hindenburgs zu entdekken. Aber das hat seine Berechtigung: Paul von Hindenburg wurde am 2. Oktober 1847 in Posen im Haus Bergstraße 7 geboren. Das Haus steht trotz einiger Beschädigungen auch heute noch, trägt aber verständlicherweise keine Erinnerungstafel mehr an Hindenburg. Erich Ludendorff, Hindenburgs Generalstabschef während der Schlachten bei Tannenberg und an den Masurischen Seen, wurde am 9. April 1865 in Kruszewnia bei Posen geboren. Gneisenau starb in Posen am 23.8.1831.

Posen, die heitere, lebensfrohe Stadt mit Berliner Flair, in die man sich verlieben kann. Ein beliebter Mittelpunkt der Stadt — das Stadtschloß mit der St. Martinstraße. Rechts warten Pferdedroschken auf Fahrgäste.

Eine schöne Straßenansicht von einem der Lieblingsplätze der Posener, wenn sie durch ihre vertraute Stadt bummelten: Die Gegend um den Wilhelmsplatz, wo man viele interessante Auslagen bewundern konnte.

»Sehen und gesehen werden« — das gab es auch schon in Posen im Kaffeehaus ESPLANADE, wo sich die High Society von Posen zu treffen pflegte und die Offiziere den jungen hübschen Damen nachschauten und umgekehrt.

Auf dem Weg in die Vorlesung. An der Posener Universität waren im Jahre 1937 über 5000 Studierende eingetragen, die Zahl stieg in den folgenden Jahren weiter an.

Den ersten Bahnhof in Posen hatte die Stargard-Posener-Eisenbahn 1848 erbaut, doch bald erwies er sich als zu klein, um die vielen neuen Bahnlinien aufzunehmen, die in den 70er Jahren des letzten Jahrhunderts entstanden. So errichtete man auf demselben Platz 1882 den weiträumigen Hauptbahnhof, um der Rolle Posens als Eisenbahnknotenpunkt gerecht zu werden.

Das Gleisfeld am Posener Hauptbahnhof, die Dampfloks stehen zur Abfahrt bereit. Die Fahrt von Posen nach Berlin über Frankfurt/Oder dauerte vier Stunden.

Zwei historisch interessante Aufnahmen aus der Zeit um die Jahrhundertwende und um 1940 von dem gleichen Motiv, dem Alten Markt. Eigentlich hat sich überhaupt nichts verändert, nur statt der Pferdedroschken warten jetzt zwei Autos auf die Fahrgäste. Im Vordergrund das Stadthaus 1894, (links) mit Hauptwache.

Haben Sie Lust zu einem Spaziergang durch Posen? Die beiden Bilder laden dazu ein. Vielleicht ein Bummel am Dzialwuski-Palast vorbei oder in Richtung Neue Straße? Auch Taxen vor dem Kaiser-Friedrich-Museum können benutzt werden!

Unverkennbar auch die Bedeutung Posens für die katholische Kirche. Nach dem preußischen Konkordat wurde Posen 1821 zum Erzbistum erhoben. Der Dom, Baubeginn 1453, wurde im 18. Jahrhundert nach barockem Vorbild umgestaltet. In der »Goldenen Kapelle« des Posener Domes befindet sich ein bedeutendes Kleinod: Die Königsgruppe — vergoldete Standbilder der ersten beiden polnischen Könige. Ein Werk von Christian Rauch.

Die evangelische Kreuzkirche, unmittelbar an der Warthe gelegen, vielen Posenern noch in unvergeßlicher Erinnerung durch die erstklassigen Kirchenkonzerte.

Die malerische katholische Pfarrkirche, eine ehemalige Jesuitenkirche, erinnert inmitten ihrer Umgebung eher an einen südländischen Ort und zeigt die vielen Gesichter Posens.

Die evangelische Petri-Kirche am stets belebten Petri-Platz markierte die Unterstadt, während sich das Stadt-Schloß mit den anderen Repräsentationsbauten in der sogenannten Oberstadt befand. Die Petri-Kirche wurde 1841 eingeweiht und nach 1945 abgebrochen.

Über den Dächern von Posen. Eine ungewohnte Perspektive des Rathauses, davor der Alte Markt.

Noch einmal ein Blick auf das Häusermeer... an der Stadtsilhouette deutlich erkennbar der Oberschlesische Turm, das Stadtschloß und die Paulikirche (von links nach rechts). Hier wohnten während des Zweiten Weltkrieges über 80.000 Deutsche. Für die »Zeit danach« hatte der Oberbürgermeister Scheffler bereits ehrgeizige Pläne: So war im Norden eine eigene neue Universitätsstadt konzipiert, im Westen sollte ein großzügiger Zoo neu entstehen, und für die geplante Ost-West-Autobahn südlich von Posen, auf einer Erhöhung am Warthe-Ufer liegend, war ein riesiger Autobahnrasthof als Ausflugsziel vorgesehen.

Posen, Blick vom Rathausturm

Wir fahren auf der breiten Ausfahrtstraße, an den Bahngleisen entlang, in das Zentrum der Stadt. Wenn wir bei der zweiten großen Straßenkreuzung nach rechts abbiegen und uns immer geradeaus halten, sind wir nach rund vier Minuten am Rathausplatz.

POSEN – Bahnhof Strasse

Sicher werden manche Leser diese Gebäude mit gemischten Gefühlen betrachten. Posen, Verwaltungs-, Wirtschafts- und Verkehrsmittelpunkt im Warthegau, war auch Sitz vieler Behörden und staatlicher Dienststellen. Oben — der Sitz des Regierungspräsidenten.

Die Reichsstatthalterei, Sitz des Gauleiters Arthur Karl Greiser. Greiser wurde am 22.1.1897 als Sohn eines Beamten in Schroda geboren und war von Oktober 1933 bis Oktober 1939 Stellvertretender Gauleiter in Danzig, bevor er am 21.10. 1939 als Reichsstatthalter nach Posen beordert wurde.

Ganz im Stil nationalsozialistischer Prunkbauten errichtet — das N.S.D.A.P. Gauschulungshaus.

In 1906 - 1908 erbauten Gebäude der Königlich Preußischen Ansiedlungskommission nördlich des Schlosses residierte das Stellvertretende Generalkommando. Davor die Große Berliner Straße mit einem Straßenbahnwagen der Linie 2. Wenn man an dem schloßähnlichen Bauwerk vorbeifuhr, blickte man immer wieder fasziniert zu dem mächtigen Kuppelbau mit den sechs überlebensgroßen Steinfiguren, die frühere Kolonisten darstellten.

Der Oberschlesische Turm, ursprünglich im Jahre 1911 zur Landesausstellung konzipiert, aus der sich dann allmählich die Posener Messe als ständige Einrichtung entwickelte, wurde bald zu einem Wahrzeichen des Messezentrums.

Die Binnenschiffahrt hatte zu preußischer Zeit eine große Bedeutung im Posener Land, nicht zuletzt gefördert durch die verschiedenen Kanäle und den planmäßigen Ausbau der Wasserstraßen. Durch die Herauslösung der Provinz Posen aus dem deutschen Wirtschaftsraum sank die Bedeutung der Wasserstraßen nach dem Ersten Weltkrieg stark ab.

Mit der Linie 11 war es zum nahegelegenen Hauptbahnhof nur eine kurze Fahrt, die Straßenbahn überquert gerade die Bahnhofsbrücke.

Der Posener Hafen gewann nach 1939 wieder an Bedeutung, er war jedoch der Konkurrenz des schnelleren Schienenweges nicht gewachsen; später kam dann der Binnenschiffahrts-Verkehr durch die Kriegseinwirkungen ganz zum Erliegen. — Von der insgesamt 756 km langen Warthe waren 405 km schiffbar.

Die Festung Posen

Historisch gesehen, wurde die preußische Festung Posen als Festung I. Klasse im Laufe des 19. Jahrhunderts errichtet. Sie bestand aus 18 Außenbefestigungen (9 Forts und 9 Zwischenwerke), 4 Innenforts und der auf einer Anhöhe liegenden, die Stadt beherrschenden Zitadelle, dem sogenannten Kernwerk, das in den Jahren 1829 - 1869 erbaut wurde. Es war ein in der Form eines Fünfecks angelegtes Bollwerk von 3 km Umfang, mit einem fast 100 ha großen Innenhof. Initiator des Festungsbaues war der preußische General Karl von Grolman, der seit 1815 den Generalstab reorganisierte und von 1832 - 1835 Kommandierender General in Posen war.
In den Außenbezirken rund um Posen waren ebenfalls verschiedene Kasernen errichtet worden. Mittelpunkt der soldatischen Ausbildung war das riesige Exerzierfeld im Truppenübungsplatz Warthelager, dem größten Truppenübungsplatz der Provinz Posen.

Der große, freie Platz vor dem Kernwerk innerhalb der Zitadelle. Auf dem Innenhof fanden Vereidigungen, Feierlichkeiten und Paraden statt.

Ein Kranz von Forts und Kasernen reihte sich um die Festungsstadt Posen auf, die Fußartillerie-Kaserne Solatsch (oben), Fort Grolman, Fort Rauch (unten).

Militär und Tradition spielten im preußisch geprägten Posen eine besondere Rolle. Die Bevölkerung nahm an diesem militärischen Leben regen Anteil. Eine Parade auf dem Wilhelmsplatz.

Ein Erinnerungsfoto vom Truppenübungsplatz Warthelager gehörte zu jedem Ausbildungslehrgang. Dieses Bild stammt vom Juli 1913.

Pioniere üben das Überqueren der Warthe und haben sich für den Fotografen in malerischer Pose aufgestellt. Vorne links die Offiziere.

Eine alte Gesamtansicht des Truppenübungsplatzes mit seinem charakteristischen hohen Wasserturm. Ausgangspunkt dieser Anlage war ursprünglich das Schloß Weißenburg mit seinen ehemaligen Gutsgebäuden, daneben wurde dann das Barackenlager angelegt, das Gelände links der Warthe umfaßte schließlich viele qkm.

Die Pionier-Kaserne in Posen - Wilda.

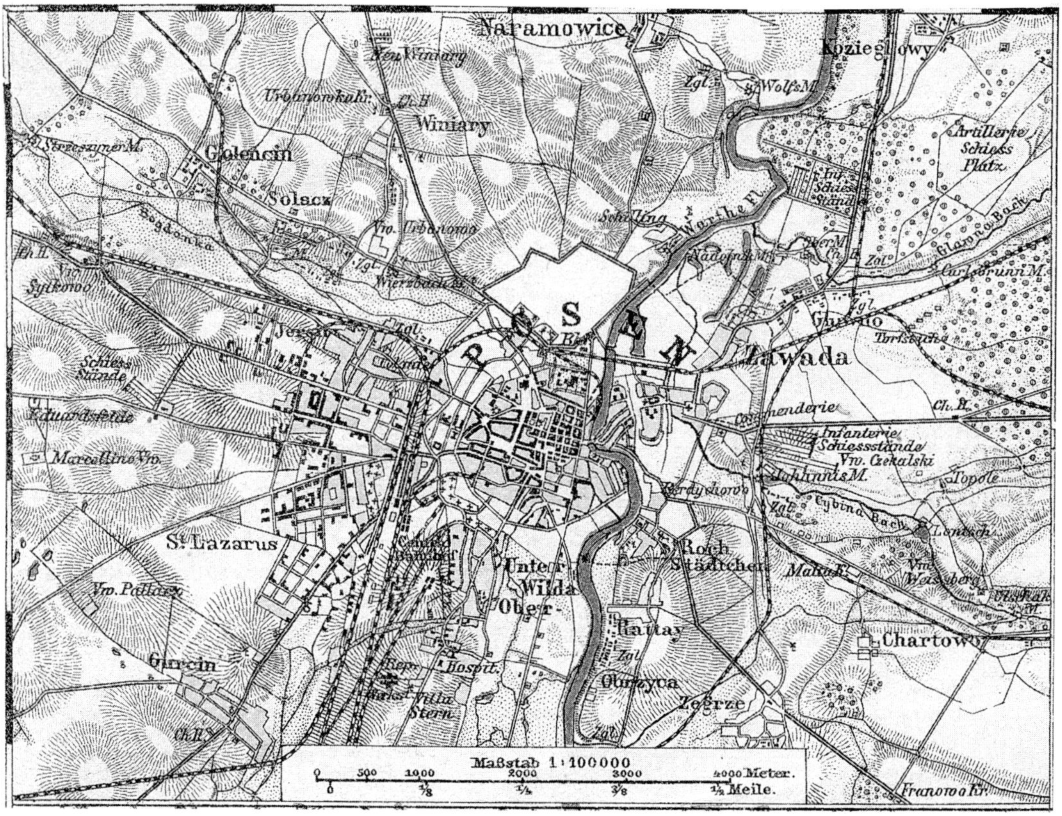

Der Stadtplan von Posen um 1900. Die die Stadt dominierende Zitadelle in Form eines Fünfecks ist deutlich erkennbar.

Eine ebenfalls aus dieser Zeit stammende Gesamtübersicht der Stadt Posen.

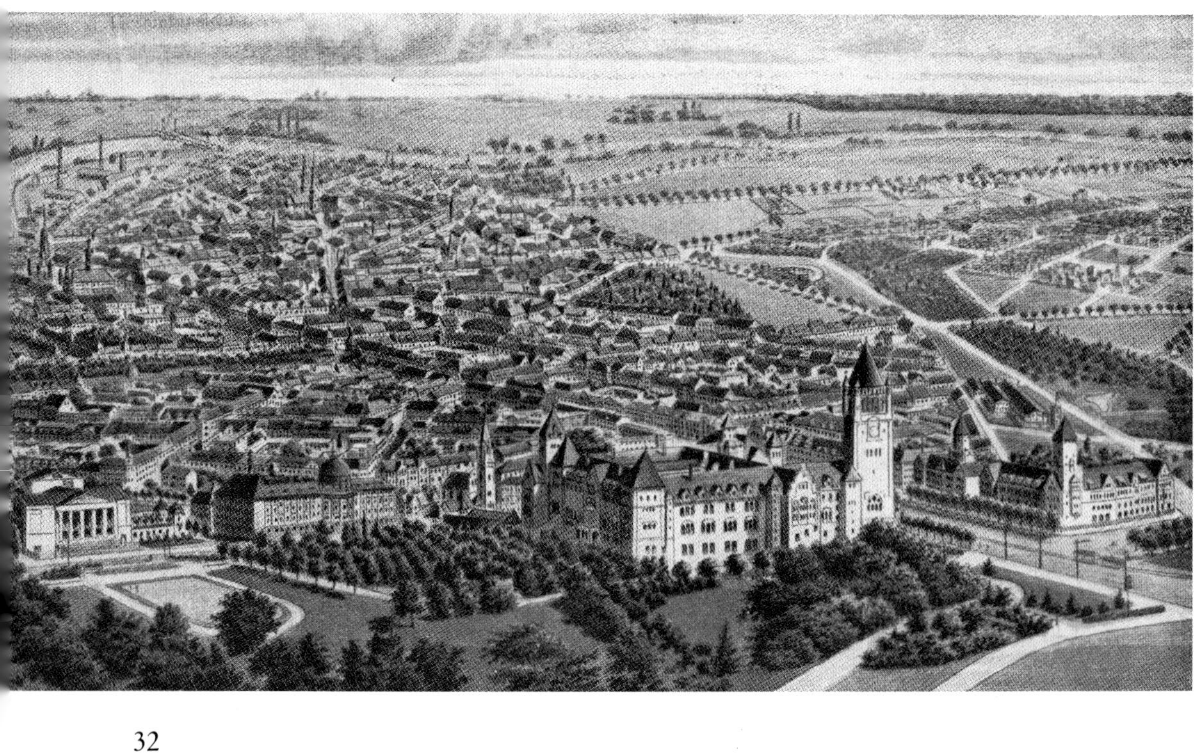

Der Kampf um Posen — Januar/Februar 1945

Der Warthegau galt, ähnlich wie Schlesien oder das Sudetenland, als eine ruhige, sichere Insel inmitten des Kampfgeschehens, weitab von der Front gelegen. Hitlers ständige Versprechungen von neuartigen Wunderwaffen und modernsten schweren Waffen hatten die Bevölkerung derart in Ruhe gewiegt, daß niemand an die Möglichkeit einer Flucht dachte — eine Einstellung, die Tausenden von Deutschen zum Verhängnis werden sollte. An diesem festen Vertrauen in die Führung in Berlin hatten auch alliierte Luftangriffe zu Ostern und Pfingsten 1944 auf die Stadt Posen nichts ändern können.

Als am Morgen des 12. Januar 1945 die Sowjets aus dem Brückenkopf von Baranow im Großen Weichselbogen südlich von Warschau zum Großangriff nach Westen, Stoßrichtung Raum Litzmannstadt - Leslau, antraten, nahm man das nicht besonders ernst. Doch die Intensität und Dynamik des Angriffes waren viel stärker als erwartet. Der Gauleiter des Warthegaues, Arthur Greiser, wollte zunächst jedoch nicht glauben, daß der Vormarsch der Sowjets nicht zum Stehen gebracht werden könne und verbot jedwede Evakuierung.

Erst am 20. Januar, acht Tage später, nach untätigem Warten entschied sich Greiser, dem Drängen des Befehlshabers des XXI. Wehrkreises Posen, General Petzel, nachzugeben und die Evakuierung einzuleiten.

Greiser erhielt am 20. Januar den Befehl, sich nach Berlin zu begeben, um neue Aufgaben zu übernehmen, daraufhin übergab er die Führung des Gaues an seinen Stellvertreter Schmalz. Greisers plötzliche Flucht mit der gesamten Parteiführung und die Anordnung seines Stellvertreters an die deutsche Zivilbevölkerung, die Stadt in wenigen Stunden bis 24.00 Uhr zu verlassen, lösten eine ungeheuere Verwirrung aus, die sich am 21. Januar zur Panik steigerte, obwohl die Reichsbahn alles tat, um die Deutschen aus der Stadt herauszubekommen.

Von den rund 70.000 Deutschen, die in der Stadt waren, konnten die meisten fliehen, viele kamen jedoch in der Winterkälte um.

Am 20. Januar früh kam der Festungsalarm für Posen. Die Besatzung der Festung betrug rund 10.000 Mann, Kernstück war die Fahnenjunkerschule V mit rund 1.500 Oberfähnrichen der Infanterie. Es gab keine andere Möglichkeit, als dieses Führungspersonal als Truppe einzusetzen. Im Laufe der nächsten Tage konnte die Anzahl der Verteidiger allerdings durch zurückflutende Soldaten auf 20.000 erhöht werden.

Die ersten feindlichen Panzer näherten sich am 22. Januar 1945 aus Richtung Schwersenz kommend der Stadt, schließlich gelang es den Sowjets, die Stadt einzuschließen. Außerordentlich harte und blutige Kämpfe sollten folgen, vor allem, als die Sowjets am 26. Januar in die Stadt eindringen konnten. Tags zuvor hatte der neuernannte Kommandeur, Oberst Ernst Gonell, eine Kapitulationsaufforderung der Sowjets mit seinem Degen aufgespießt und vor den beiden russischen Parlamentären verbrannt.

Die deutschen Verteidiger versuchten nun mit allen verfügbaren Kräften, Widerstand zu leisten, mußten jedoch der Übermacht weichen. In der gesamten Innenstadt wurde buchstäblich an manchen Stellen um jedes Haus und um jede Straße gekämpft. General Tschuikow entschloß sich erst am 20. Februar, den Sturm direkt auf die Festung aufzunehmen. Der entscheidende Einbruch gelang den Sowjets am 21. Februar morgens, als sie, geführt von einem ortskundigen Polen, durch einen alten unterirdischen Stollen in den südlichen Bereich des Kernwerkes eindringen konnten. Inzwischen hatten sich viele Polen den sowjetischen Truppen bei der Eroberung des Kernwerkes angeschlossen. Die Lage wurde für die eingeschlossenen Deutschen immer aussichtsloser, die Verluste auf beiden Seiten waren außerordentlich hoch. Am 23. Februar um 6.00 Uhr morgens wurde der letzte deutsche Widerstand eingestellt, nachdem sich der Festungskommandant, General Gonell, erschossen hatte.

Ein fürchterliches Schicksal erlitten die rund 2.000 tief unten in den dunklen Kasematten des Kernwerkes versteckten, zurückgebliebenen deutschen Verwundeten. Die meisten von ihnen wurden von den Sowjets bei lebendigem Leibe mit den Flammenwerfern verbrannt.

Die deutschen Verluste bei den Kämpfen in der Stadt, um das Kernwerk sowie im Festungsgürtelbereich wurden mit 12.000 Mann beziffert, ein Teil konnte ausbrechen, wurde aber größtenteils abgefangen. Die überlebende deutsche Besatzung, 10.000 Mann, kam ins Gefangenenlager Dembsen. Durch unmenschliche Schikanen und grauenvolle Behandlung auf dem Marsch dorthin erreichten jedoch viele Wehrmachtsangehörige nicht mehr ihr Ziel.

Bald darauf bildeten sich auch polnische Milizen, die den zurückgebliebenen Deutschen in Posen das Leben zur Hölle machten. Die Deutschen mußten nun täglich zu Zwangs- und Aufräumungsarbeiten erscheinen und waren dabei hilflos der Willkür der Sieger ausgeliefert. Dieses bittere Schicksal teilten viele, die auf dem Lande ausgehalten hatten in der Hoffnung, es würde sich doch noch einmal alles wenden, oder diejenigen, die diese Schreckenstage in dumpfer Verzweiflung durchlebten, ohnmächtig und auch zu müde, zu ausgebrannt, um sich noch dagegen auflehnen zu können.

(Quelle: Der Kampf um Posen 1945, von R. H. Schulz).

Ein Zug junger Rekruten der deutschen Wehrmacht marschiert an einem Wintertag vor einer Kaserne. Der Fotograf Wilhelm Schultz aus Posen, Moltkestraße 3a, hat auf den Auflöser gedrückt. Die Aufnahme könnte vor der Nollendorf Kaserne (?) entstanden sein.

Regierungsbezirk Posen

Stadtkr. Posen
Landkr. Birnbaum
Landkr. Grätz
Landkr. Wollstein
Landkr. Kosten
Landkr. Lissa
Landkr. Gostingen
Landkr. Rawitsch
Landkr. Krotoschin
Landkr. Jarotschin
Landkr. Schrimm
Landkr. Schroda
Landkr. Wreschen
Landkr. Posen
Landkr. Samter
Landkr. Obornik
Landkr. Scharnikau
Landkr. Kolmar

Zum Vergleich: Die Provinz Posen von 1871 - 1918 (ab 1772 preußisch)

Einteilung.

Regierungsbezirk Posen 17525,07 qkm

1. Stadtkr. Posen	33,04 qkm	10. Kreis Grätz	429,86 qkm	20. Kreis Koschmin	453,25 qkm
2. Landkr. Posen (West)	637,60	11. Bomst	1036,71	21. Gostyn	600,80
3. Posen (Ost)	664,26	12. Fraustadt	477,11	22. Rawitsch	495,92
4. Kreis Obornik	1087,04	13. Schmiegel	554,35	23. Krotoschin	497,83
5. Samter	1093,19	14. Kosten	607,96	24. Pleschen	481,38
6. Birnbaum	642,42	15. Lissa	524,78	25. Adelnau	482,49
7. Meseritz	1152,83	16. Schrimm	929,33	26. Ostrowo	414,96
8. Schwerin	650,34	17. Schroda	794,19	27. Schildberg	519,53
9. Neutomischel	523,27	18. Wreschen	561,83	28. Kempen	458,18
		19. Jarotschin	721,15		

Regierungsbezirk Bromberg 11457,28 qkm

1. Stadtkr. Bromberg	13,19 qkm	6. Kreis Wirsitz	1161,08 qkm	11. Kreis Hohensalza	1029,48 qkm
2. Landkr. Bromberg	1393,89	7. Schubin	916,42	12. Strelno	614,38
3. Kreis Filehne	761,73	8. Znin	740,11	13. Gnesen	564,65
4. Czarnikau	811,86	9. Wongrowitz	1036,57	14. Witkowo	588,47
5. Kolmar i/P.	1092,67	10. Mogilno	732,81		

Provinz Posen 28982,35 qkm

Von Birnbaum nach Rawitsch

Wir beginnen nun mit der ersten Etappe unserer Reise, die uns von dem weit im Westen gelegenen Kreis Birnbaum bis tief hinunter in den Süden, in den Kreis Rawitsch im Regierungsbezirk Posen führen wird; wir folgen damit einem früher fast geschlossenen deutschen Siedlungsgebiet.

Birnbaum unterscheidet sich in seiner Behäbigkeit und Gemütlichkeit kaum von einem Städtchen im nahe gelegenen Ost-Brandenburg. Mit Stolz wird der »Hauptbahnhof« vorgeführt. Hauptbahnhof wohl deshalb, weil von hier aus die Nebenbahnen nach Bentschen, Rokietnice und Samter ins Posener Land hinausgingen.

Vom Blocks Hotel aus hatten die Fremden, die hier einkehrten, einen schönen Blick auf den Marktplatz von Birnbaum. Die hohe, reich gegliederte Fassade des Hotels mit neugotischem Giebel verlieh diesem Platz ein besonderes Flair.

BIRNBAUM

Ein bedeutender Gelehrter stammt aus Birnbaum: In der evangelischen Gemeinde Birnbaum wurde Johann Daniel Jähnisch-Janocki geboren, der dem Bildungs- und Buchwesen in Polen entscheidende Impulse gegeben und das gesamte Büchereiwesen auf eine neue Grundlage gestellt hat. Der Gelehrte, der segensreich in ganz Polen gewirkt hat, lebte von 1720 - 1786.
Birnbaum hatte zwei sehenswerte, nicht alltägliche Denkmäler aufzuweisen: Das Kriegerdenkmal 1870/71 mit der großen Germaniafigur (siehe auch Seite 124), und die weithin sichtbare 13,50 m hohe Bismarcksäule, die auf einer steil zum Warthetal abfallenden Anhöhe aus Granitsteinen errichtet worden war.

Nach solchen beschaulichen Plätzen sehnt man sich heute — alte Bürgerhäuser in Birnbaum.

Zirke an der Warthe mit der oft abgebildeten Kirche im Fachwerk-Baustil aus dem Jahre 1785. Bekannt war auch das große Pferdegestüt in Zirke, ein preußisches Staatsgestüt, das 1919 von den Polen übernommen und weitergeführt wurde. Man erzählt sich, daß viele Bedienstete, die vor den Polen nachts flohen, die Pferdehufe und Wagenräder fest mit Stroh umwickelt hatten, um unbemerkt von dem Gestüt wegzukommen.

BIRNBAUM - ZIRKE

In einem alten Reiseführer der Provinz Posen lesen wir: Nirgends in der Provinz Posen drängen sich auf so engem Raume eine solche Menge von Seen zusammen wie zu beiden Seiten der unteren Warthe zwischen den Städten Birnbaum und Zirke, der Erdboden scheint hier stellenweise durch die vielen Senken siebartig durchlöchert zu sein. Die Entstehung dieser zahlreichen Seebecken geht auf die Bildung von Endmoränen zurück, welche sich hier im breiten Gürtel hinziehen und der Landschaft in einer so weiten Ausdehnung ein anmutiges Gepräge geben!

Verschiedene Ansichten aus Neutomischel aus den 40er Jahren. Neutomischel wurde 1786 zur Stadt erhoben, Keimzelle der Ansiedlung war die Herrschaft Tomyśl, von der sich auch der Name ableiten läßt. Die evangelische Pfarrkirche mit dem quadratischen Turm stammt von 1779.

NEUTOMISCHEL

»Links ein Büschel, rechts ein Büschel — mitten drinnen Neutomischel!«
Völlig unerwartet stößt man bei Neutomischel auf eine Stadt, die Dank ihrer fruchtbaren Umgebung ein wichtiger Mittelpunkt für den Anbau und Handel mit Hopfen war. Der geregelte und rationelle Hopfenanbau rund um Neutomischel begann im Jahre 1838 — seitdem sich Josef Jacob Flatau dafür eingesetzt hatte und dafür den Beinamen »Flatau von Hopfenfeld« erhielt. So waren die Hopfenpflücker ein gewohnter Anblick in der näheren Umgebung von Neutomischel — und im Niedbalschen Saale wurden sogar regelmäßig Hopfenprämierungen abgehalten!

Oftmals prägt sich ein charakteristisches Gebäude als Wahrzeichen einer Stadt ein; wenn man von Neutomischel spricht, denkt man sofort an den weitläufigen Neuen Markt mit dem großen Flachbau des Rathauses im klassizistischen Stil.

Die Goldstraße lädt zu einem Rundgang durch Neutomischel ein, wie mögen die vertrauten Straßenzüge wohl heute aussehen?

Der Bahnhof in Bentschen, Haltestelle der D-Züge Berlin-Posen.

Wider Willen erhielt dieser Bahnhof in der Zeit zwischen den beiden Weltkriegen eine besondere Bedeutung: als »Tor Polens zum Westen« wurde er Ende der 20er Jahre grundlegend modernisiert, und das Empfangsgebäude für den Reisenden, der sich hier neuerdings in Polen befand, bekam ein anderes Gesicht.

Die Entwicklung des Eisenbahnwesens in der Provinz Posen

Die erste Bahnverbindung in der Provinz Posen entstand im Jahre 1848 zwischen Stettin -Stargard/Pommern - Posen, am 27. Juli 1851 wurde diese Linie dann in Betrieb genommen, 1857 kam die Oberschlesische Eisenbahn über Breslau und Lissa heran. Dies zeigt, daß die Provinz Posen, zwischen Pommern und Schlesien gelegen, zuerst nach Norden, dann nach Süden blickte, bevor man sich auf Berlin besann. Erst 1870 erfolgte durch die Märkisch-Posener Bahn über Bentschen - Frankfurt/Oder eine Verbindung mit Berlin. Doch dann ging es Schlag auf Schlag. Ab 1872 verkehrten durch die Verlängerung der Oberschlesischen Eisenbahn die Züge bis Gnesen, Hohensalza (Inowrazlaw) und Bromberg, ab 1873 über Hohensalza nach Thorn. Ab 1875 konnte man über Ostrowo, Kempen bis Kreuzburg in Oberschlesien reisen, und ab 1879 bestand die Linie nach Schneidemühl. Hier hatte man Anschluß an die legendäre Ostbahn, die einen bis nach Königsberg und weiter bis an die Grenze Rußlands brachte.

Neben diesen Fernverkehrszügen begann auch allmählich die weitere Erschließung des Landes durch Klein- und Kreisbahnen. Bezüglich der Streckenführung waren vor allem wirtschaftliche Aspekte maßgebend. Da die Landwirtschaft die dominierende Rolle spielte, — es gab so gut wie keine Industrie — wurde natürlich lokalen Gesichtspunkten Rechnung getragen. Vor allem die Zuckerfabriken, die überall im Land entstanden, und der damit verbundene Transport von Zuckerrüben bestimmten viele Entscheidungen. So verkehrte als erste Kleinbahn des Regierungsbezirkes Posen 1886 die Opalenitzaer Kleinbahn, zunächst als Zubringer zur Zuckerfabrik Opalenitza, der mit 30.000 Zentnern täglicher Verarbeitungskapazität damals größten Zuckerfabrik Deutschlands. Um die Jahrhundertwende entstanden z.B. die Kostener Kleinbahn, die Schrodaer Kleinbahn, die Schmiegler Kreisbahn, die Zniner Kreisbahn; aber auch Privatbahnen, die einen größeren Aktionsradius hatten, wie die bekannte Liegnitz-Rawitscher Eisenbahn. Kleinbahnen durchzogen auch Pommern und Schlesien, heute sind sie ein abgeschlossenes Kapitel der Eisenbahngeschichte. Die Führung der Fernbahnen sind im heutigen Polen, natürlich unter Einbeziehung vieler neuer Linien nach Warschau, im wesentlichen unverändert erhalten geblieben.

Bentschen an der Obra — markantes Wahrzeichen, die beiden hochaufragenden Türme der katholischen Kirche von 1795. Auf einer Landzunge zwischen dem Bentschener See und dem Obrafluß gelegen, verdankt Bentschen, 1319 Bentzin geschrieben, seine Entstehung einer Burg, die an einer Handelsstraße angelegt wurde.

Vor der Bismarckstraße noch unbebautes, freies Feld, ein Provisorium als Straße; stolze Bürgerhäuser, die sich immer mehr ins Land ausdehnten.

Schnurgerade führt uns die Hauptstraße über die Obrabrücke in die Stadt hinein bis zum Markt.

Vor uns der Marktplatz in Bentschen. — Ähnlich wie Birnbaum hart an der neuen polnischen Grenze gelegen, hatte auch Bentschen nach dem 1. Weltkrieg durch den Verlust des Hinterlandes mit wirtschaftlichen Schwierigkeiten zu kämpfen. Viele Handelskontakte waren unterbrochen, die gewohnten Städte Bomst, Schwiebus, Züllichau waren plötzlich in einem anderen Land, denn Bentschen lag nun in Polen und mußte sich nach Osten umorientieren.

Grätz — eine geschäftige Kreisstadt inmitten ländlicher Umgebung. Der Marktplatz mit dem Rathaus. Sehr beliebt bei Kennern und Genießern: das Grätzer Bier.

Grätz lag an einer Eisenbahn-Nebenstrecke. Man mußte, um nach Posen oder Berlin zu verreisen, in Opalenitza umsteigen. Deshalb vielleicht auch der etwas kleine, fast idyllisch anmutende Bahnhof.

Dafür ging es mit Pferdefuhrwerken auf dem Marktplatz umso geschäftiger zu. Man kam aus der Umgebung, um hier seine Einkäufe zu tätigen oder Behörden aufzusuchen.

Vielleicht haben das die Leute, die in den Linienbus der Reichspost eingestiegen sind, gerade hinter sich. Ganz unvorschriftsmäßig überquert vorne eine Mutter mit ihrer Tochter die Straße, ohne sich nach links oder rechts umzusehen! Grätz, das bereits 1303 deutsches Stadtrecht besaß, war auch durch seine schönen Kirchen und durch das Schloß bekannt.

Rakwitz lag genau auf halbem Wege zwischen den Kreisstädten Grätz und Wollstein, Grätz lag 12 km nordöstlich, Wollstein 12 km westlich, so daß man unterwegs gern in Rakwitz eine Pause einlegte — dabei konnte man auch die alte Fachwerkkirche und die sich daran anschließenden Laubenhäuser besichtigen.

Gemächlichkeit und Ruhe sprechen aus dieser Aufnahme an der Ecke Kirch-Königstraße in Wollstein.

WOLLSTEIN

Wollstein wird 1423 erstmals genannt, große Bedeutung kam auch dem Kloster zu. Im Landkreis waren Deutsche schon seit 1210 ansässig. Wollstein gehörte stets zu den Kreisen des Posener Landes mit einem stärkeren Deutschenanteil, der sich im Jahre 1910 auf über 45% belief, in der Stadt war er noch größer.

Der berühmte Arzt und Bakteriologe Robert Koch wirkte von 1872 - 1880 in Wollstein. Hier begann er als Kreisphysikus mit seinen bahnbrechenden Arbeiten, wobei er die wichtigsten methodischen Grundlagen der bakteriologischen Forschung (Züchtung und Färbung der Bakterien) und 1876 den Milzbrandbazillus als Ursache einer Infektionskrankheit durch Mikroorganismen analysierte. Robert Koch setzte dann seine Forschungen an der Berliner Universität fort.

Wollstein, auf den ersten Blick ein typisch deutsches Städtchen — idyllisch auf einer Halbinsel am Wollsteiner See gelegen.

Wozu viele Worte? Sicher werden die Wollsteiner beim Betrachten dieses Bildes Heimweh verspüren. Besonders eindrucksvoll die wuchtige katholische Stadtkirche aus dem Jahre 1832.

Blick auf Wollstein, dessen polnischer Name Wolsztyn lautet; auch ein Zeugnis dafür, daß es sich um eine deutsche Gründung gehandelt haben muß, weil die polnische Bezeichnung von der deutschen abgeleitet ist. Die Stadt Wollstein war Sitz des Landratsamtes des früheren Kreises Bomst. Nach 1919 blieb Wollstein Sitz des Landratsamtes. Gleichzeitig wurde der Teil des Kreises Bomst, der 1919 an Polen fiel, in Kreis Wollstein umbenannt, und Wollstein wurde 1920 neue Kreisstadt.

Opalenitza, nächster Haltepunkt hinter Bentschen, auf der stark frequentierten Strecke Berlin -Frankfurt/Oder - Posen. Auf der Abbildung fährt gerade ein aus Posen kommender Personenzug in das Bahnhofsgebäude ein. Opalenitza war durch seine großen Zuckerfabriken bekannt.

Eine junge, hübsche Frau promeniert auf der Breslauer Straße durch Kosten. »Zur städtischen Flußbadeanstalt 3 Minuten«, steht auf der Tafel auf der rechten Hauswand.

Aber es ist eher anzunehmen, daß die Spaziergängerin vom Marktplatz kommt, wo die Breslauer Straße ihren Anfang nahm.

»MANUFACTUR & KURZWAREN«, »Lissaer Vereinsbank«, »Gasthaus«, »Einrichtungen« — kein Zweifel, man befindet sich auf dem Marktplatz.
Die Feldpostkarte wurde am 9.10.1940 nach Enns, Ob.-Donau, versandt. Auf ihr ist zu lesen: »Durch weiß bereifte Felder heute früh hergekommen. Vormittag gemustert, jetzt Mittagessen, Nachmittag geht es weiter nach Lissa. Dort morgen erneute Musterung. Wetter schön und kalt«.

KOSTEN

Die Kreisstadt Kosten lag an der Bahnlinie Posen - Lissa und an der verkehrsreichen Straße, die von Posen über Lissa und Rawitsch nach Breslau führte.
Diese Straße war schon im frühen Mittelalter eine beliebte Heeres- und Handelsstraße, so wurde Kosten bald zu einer wohlhabenden Stadt. Bereits um 1400 kamen deutsche Handwerker und Siedler ins Land. Anfang des 16. Jahrhunderts war Kosten eine fast ganz deutsche Stadt, in der die deutsche Sprache vorherrschte.
Die Kunde von der neuen Reformation Martin Luthers kam durch durchziehende Handelsleute auch nach Kosten, und die Lehre des jungen Mönches aus Wittenberg gewann sehr schnell Anhänger. Eigentlich war dies schon der Beginn des Abstiegs der Stadt Kosten, denn es folgten lang anhaltende Religionskriege. Der polnische König und der Bischof von Posen bekämpften die Protestanten aufs Schärfste. Es begann die Abwanderung deutscher evangelischer Familien und des Adels, davon hat sich Kosten nie mehr erholt, seine wirtschaftliche Bedeutung sank.
Erst als Kosten preußisch wurde, kam diese Entwicklung zum Stillstand. 1846 wurde die neue evangelische Kirche eingeweiht, doch Kosten blieb eine Kleinstadt.
Sehenswert in Kosten ist auch die katholische Pfarrkirche, eine spätgotische Hallenkirche, die bis in das Jahr 1387 zurückreicht.

Eine der Hauptdurchgangsstraßen in Schmiegel, mit vielen Geschäften. Die Straße führte weiter nach Kriewen, 25 km (Straßenschild ganz links).

SCHMIEGEL

Viele alte Namen, unter denen einst deutsche Städte von deutschen Siedlern gegründet wurden, sind wieder untergegangen. Dazu gehört auch die Stadt Schmiegel, die bei ihrer Gründung laut Urkunde vom 24. Juni 1415 Kuschnau hieß. Die Stadt ist also über 500 Jahre alt. Das Stadtwappen ist eine Kirche zwischen zwei mächtigen Eichen, diese Kirche stellt die heutige Vituskirche, das älteste Gebäude der Stadt, dar. Auch das Leben der Stadt Schmiegel wurde durch den handwerklichen Fleiß deutscher Einwanderer bestimmt, so gab es die Zünfte der Leineweber, Tuchmacher, Schmiede, Schuster, Tischler, Bäcker, Müller und natürlich die Schützengilde. Während des Nordischen Krieges teilte Schmiegel das Schicksal der umliegenden Städte: Viele Einwohner starben an der Pest oder an anderen Seuchen, die Stadt brannte durch Kriegseinwirkungen ab. Berühmt wurde Schmiegel, wie auch Kosten durch die Tuchfabrikation, graues Tuch aus dem Posener Land war über die Grenzen hinaus bekannt und begehrt.
Der Kreis Schmiegel war ein fruchtbares Gebiet. Von der Höhe des evangelischen Friedhofes der Stadt Schmiegel aus hatte man im Sommer einen Rundblick über weite, wogende Getreidefelder. Daneben wurden große Flächen mit Kartoffeln und Zuckerrüben bestellt. Bis 1920 hatte ein eigener Kreis Schmiegel bestanden, er wurde dann aufgelöst und unter die Nachbarkreise Lissa und Kosten aufgeteilt; die Stadt Schmiegel kam zum Kreis Kosten und verlor allmählich ihre frühere Bedeutung.

Die evangelische Kirche in Schmiegel — ob es wohl noch Leser dieses Buches gibt, die hier vor diesem Altar konfirmiert und getraut wurden?

Eine Gesamtansicht von Schmiegel aus den 40er Jahren, links die evangelische Kirche, rechts die katholische Pfarrkirche. Und wer seinen Blick weiter in die Ferne schweifen läßt, erkennt am Stadtrand Windmühlen, wie sie in dieser Gegend, besonders um Rawitsch, häufig anzutreffen waren. — Schmiegel erfreute sich, ähnlich wie Kosten, einer landschaftlich reizvollen Lage am Obra-Bruch.

LISSA — die Stadt des Johann Amos Comenius

Lissa — eine Stadt mit großer Vergangenheit. Lissa erhielt 1547 von seinem Besitzer, Rafael Leszczynski, deutsches Stadtrecht und wurde durch die Einwanderung der Böhmischen Brüder zu einem Zentrum der Reformation in Polen. Der Woiwode Rafael Leszczynski war ebenfalls zu den Böhmischen Brüdern übergetreten. Seit dem Dreißigjährigen Krieg wurde sie Hauptsitz der Böhmischen Brüder, einer religiösen Gemeinschaft, die aus den Hussiten hervorgegangen, den Reformierten und Calvinisten nahestanden. 1656 und 1707 wurde Lissa durch Glaubenskriege zerstört, doch die wirtschaftliche Bedeutung als Tuchmacherstadt blieb ungebrochen. Lissa kam 1793 zu Preußen und hat starke Impulse durch das nahegelegene Schlesien erhalten.
Johann Amos Comenius war am Anfang des 18. Jahrhunderts der letzte Bischof der Böhmischen Brüder. Nach ihm wurde eine Straße benannt, die Stadt Lissa setzte ihm auch ein Denkmal. Dieser berühmte Pädagoge hat das geistige und geistliche Leben seiner Stadt sehr positiv beeinflußt, er leitete ein Gymnasium und gab wegweisende Schriften heraus. Da auch viele schlesische Lutheraner, vor allem aus dem nahen Guhrau, nach Lissa kamen, konnte sich hier eine rege religiöse Betätigung entfalten, es wurden sogar lutherische Synoden abgehalten.

Die Comeniusstraße in Lissa mit einer Comenius-Vignette.

Die unglaublich beeindruckende Kulisse des Marktplatzes, fast wie die Piazza einer südländischen Stadt, dazu das barocke Rathaus mit seinem reich gegliederten, hohem Turmaufbau. Es wurde nach Plänen der italienischen Architekten Pompeo Ferrari und Giovanni Catenaci Anfang des 18. Jahrhunderts errichtet.

Einstmals eine blühende deutsche Stadt, war Lissa in der Provinz Posen weit über das Posener Land hinaus bekannt. Dort bildeten die deutschen Bewohner seit der Gründung der Stadt 1547 die führende gesellschaftliche Schicht. Auch bei diesen Straßenansichten erinnert vieles an die Wilhelminische Ära im entfernten Berlin, die Straßennamen — Kaiser-Wilhelm-Straße — die Kleidung der Leute, die teilweise noch lesbare Aufschrift »Tengelmann's Kaffee-Geschäft«.

Zwei eindrucksvolle Aufnahmen zeigen die festlich eingestimmte Menschenmenge, die sich zu Ehren von Kaisers Geburtstag alljährlich am 27. Januar auf dem Marktplatz zu einer Feierstunde versammelte. Die in Lissa stationierten Garnisonen waren in Reih' und Glied angetreten.

Auch Lissa mußte in seiner kulturellen und stadtgeschichtlichen Entwicklung nach dem unglücklichen Ausgang des Ersten Weltkrieges einschneidende Entwicklungen hinnehmen, viele Deutsche wanderten ab. Vielen war die Stadt fremd geworden durch polnische Straßennamen, polnische Namensänderungen und Aufschriften, wie hier ein kleines Alltagsbeispiel zeigt, offiziell hieß die Gewerbeschule nun »Szkola handlowopezemyslowa«.

Verträumtes Idyll — die Kostener Straße in Lissa.

Neugierig lugt der Turm der reformierten St. Johanneskirche hinter der höheren Mädchenschule hervor. Hoch aufragend bestimmte auch er das Bild der Stadtsilhouette, er hat die Zeit miterlebt, in der Lissa die zweitgrößte Stadt der Provinz Posen war. Die Johanneskirche diente einst der Gemeinde der Böhmischen Brüder als Pfarrkirche, während die riesige, architektonisch meisterhaft gestaltete Kreuzkirche die evangelische Gemeinde aufnahm.

Ein Stadtbild aus den 40er Jahren, im Hintergrund grüßt der Turm des Rathauses.

Über wen haben sich die Kinder, die sich vor dem wichtigsten Gebäude von Sandberg — dem Rathaus — aufstellten, wohl unterhalten? Sicher über den Fotografen, der dieses Bild aufgenommen hat.

Dambitsch bei Lissa, ein typisches Waldhufendorf. Die Karte zeigt drei Gebäude des kleinen Ortes: die Schule, die evangelische Kirche (noch mit Holzdach) und die Kolonialwarenhandlung Josef Andersch.

»Lissa liegt in der Provinz Posen in der Nähe von Storchnest und hat 16.024 Einwohner, darunter viele hübsche Mädchen, Backfische und Soldaten...« erzählt diese Karte von 1911. Wer die alte deutsche Schrift, die Sütterlin, beherrscht, kann ruhig noch auf der Tafel weiterlesen!

Wir folgen nun wieder der schlesischen Grenze und nähern uns der Kreisstadt Rawitsch. Zuvor halten wir noch einmal in Bojanowo. Auf dem Marktplatz vor der evangelischen Kirche erfreut uns das Schmückert-Denkmal. Bojanowo wurde 1638 von dem Lutheraner Stephan Bojanowsky (daher der Name) und seinen Anhängern gegründet und gehörte um die Jahrhundertwende dem Fürsten von Hatzfeld - Schönstein. Erwähnenswert ist der verheerende Stadtbrand, der sich am 12. August 1857 ereignete, anschließend wurde die Stadt wieder neu aufgebaut. Generalpostdirektor Schmückert setzte sich sehr für den Wiederaufbau ein.

Das Rathaus der erstmals 1278 erwähnten Stadt Gostyn; große Bedeutung kam auch dem Kloster zu, das von den Philippinern um 1670 gegründet wurde. Die Kreisstadt wurde 1939 in Gostingen umbenannt.

Der Marktplatz des Städtchens Schwetzkau bei Lissa strahlt Ruhe aus. Junge Burschen stehen am Marktbrunnen, um Trinkwasser zu holen; daneben das eingezäunte Kriegerdenkmal. Im Hintergrund der Gasthof »Zum deutschen Hause«. Die Klosterstadt Schwetzkau lag im östlichen Teil des Fraustädter Landes, bekannt war die Marien-Wallfahrts-Pfarrkirche von 1474.

Punitz an der Samitz zählt zu den ältesten, nach deutschem Recht gegründeten Städten im Posener Land und wird urkundlich bereits um 1271 beschrieben. In der Stadt entwickelte sich ein reges deutsches Vereinsleben. Hervorzuheben ist die traditionsreiche Schützenbruderschaft, die um 1630 entstand.

Das zwischen 1753 und 1756 unter der Leitung des Trebnitzer Architekten Leopold Ostritz erbaute Rathaus in Rawitsch.

RAWITSCH

Die Kreisstadt Rawitsch lag dicht an der schlesischen Grenze und verdankt ihr Entstehen deutschen Einwanderern aus Schlesien, vor allem aus der Bunzlauer Gegend, die dort während des Dreißigjährigen Krieges eine neue Zuflucht fanden. Die vom Polenkönig Wladyslaw IV. umworbenen und herbeigerufenen Siedler erhielten viele Rechte, bereits am 30. Juli 1639 wurde eine deutsche Stadtobrigkeit mit Bürgermeister Martin Ecke an der Spitze gewählt. Im Mai 1639 war die evangelische Kirche eingeweiht worden, zu der 1641 das erste Schulhaus kam. In jener Zeit waren deutsche Siedler wegen ihres Fleißes und wegen ihrer Tüchtigkeit hoch angesehen und beliebt, dies kommt auch in einer alten polnischen Urkunde zum Audruck »...die die Stadt Krakau gezieret, die Städte Lemberg und Posen gebauet und viele Grenzorte fundiert« hätten. Auch die Stadt Rawitsch wuchs rasch empor und entwickelte sich bald zu einer bekannten Stadt der Tuchmacher. Rawitsch wurde nach dem Grundherren Rawicz benannt, der für die Stadtgründung einen großen Teil seines Erbgutes zur Verfügung stellte. Um die Mitte des 19. Jahrhunderts war Rawitsch eine Garnisons- und Kreisstadt mit Industrie und lebhaftem Handel. Durch den Bau der Eisenbahnlinie Breslau - Posen und durch die Liegnitz-Rawitscher Eisenbahn wurde Rawitsch an die Verkehrswege angebunden. Nach dem 1. Weltkrieg verblieb in Rawitsch eine starke deutsche Minderheit, sodaß das deutsche Gymnasium weitergeführt werden konnte, es erschien auch eine deutsche Tageszeitung, die »Rawitscher Zeitung«.

Die großzügige Promenade in Rawitsch entstand am Anfang des 18. Jahrhunderts, zur gleichen Zeit erhielt auch der Rathausplatz sein heutiges Gesicht. Um 1900 wurden auf der Promenade schließlich zwei große Kaiserdenkmäler zu Ehren der entfernten Monarchen in Berlin aufgestellt. Hier das Denkmal für den 99-Tage-Kaiser Friedrich III.

Die Fotos aus längst vergangenen Zeiten beweisen es: Auch Rawitsch war eine wunderhübsche Stadt, in der es sich gut leben ließ. Dies würden uns sicher diese elegant gekleideten Bürger aus Rawitsch, die gerade über ihren Marktplatz flanieren, bestätigen.

Die katholische Kirche in Rawitsch.

Im Jahre 1915 zerstörte ein Brand die evangelische Kirche, die dann nach alten Plänen von Langhans wieder aufgebaut wurde und bis heute erhalten geblieben ist. Aus dieser evangelischen Kirchengemeinde stammte der Student der Theologie Ernst Wurche, dem der leider viel zu früh gefallene Kriegsfreiwillige Walter Flex in seinem Buch »Der Wanderer zwischen beiden Welten« ein unvergängliches Denkmal gesetzt hat. Leutnant der Reserve Wurche verstarb auf einem Erkundungsgang im August 1915 in Galizien.

Wir sind in Zduny. Uns gegenüber in Schlesien liegt der Ort Freyhau. Würden wir hier weiterfahren, kämen wir über Militsch, Oels nach Breslau. Die Bewohner von Zduny hatten es aber nach Krotoschin, nur 5 km nördlich, viel näher. — Die Abbildung zeigt die Langestraße in Zduny.

VON KROTOSCHIN NACH USCH

Wir wenden uns nun dem zweiten Teil unserer Reise zu, der Durchquerung des Reg.-Bezirkes Posen vom Süden nach Norden, bis an die Grenze Pommerns.

Die Gemeinde Orlahöh an dem kleinen Flüßchen Orla, östlich von Rawitsch.

Krotoschin, ein nicht alltägliches Bild. Rund um das Rathaus, erbaut 1686, befanden sich viele Geschäfte, üblicherweise steht das Rathaus allein auf dem weiten Ring. — Der Name Krotoschin (früher auch Krotoschyn) läßt sich vermutlich von dem hier schon frühzeitig ansässigen Geschlecht der Krotowski ableiten.

Eingang zum Schloßpark. Im Jahre 1819 kamen die Stadt Krotoschin und das Schloß als »rechtes Erb-Thron-Mann-Lehn« in den Besitz des Hauses von Thurn und Taxis. Im Zuge von regen Tauschgeschäften erwarb der preußische König die Posthaltereien in Rheinpreußen und übergab dafür dem Hause Thurn und Taxis verschiedene Besitztümer, u.a. 48 Dörfer, als Abfindung. So erklären sich die großen und weitverzweigten Besitztümer, die das Fürstenhaus bis 1918 in der Provinz Posen unterhielt.

Der für die Kleinstadt Krotoschin unerwartet großstädtisch anmutende Bahnhof. Vielleicht ein Grund für den mächtigen Bau — hier war der Knotenpunkt der Bahnstrecken Oels - Gnesen und Sagan - Kalisch.

Die evangelische Kirche von Krotoschin stammt von 1790. Im Jahre 1848 kam es auch in Krotoschin vereinzelt zu polnischen Erhebungen. Der preußische Adler wurde vom Rathaus abgenommen, der polnische angebracht. Während Bürgermeister und Beamte untätig zusahen, ergriffen jüdische Bürger die Initiative und drängten unter dem Ruf »Wir wollen kein Polentum, wir sind Preußen!« die Polen aus dem Rathaus. Dann erst wurde auch der Magistrat aktiv und leitete Gegenmaßnahmen ein.

Das Königliche Wilhelms-Gymnasium, erbaut 1854.

Eine Gesamtansicht des erstmals 1318 genannten Ortes Koschmin, links das Schloß. Koschmin hieß im Mittelalter auch Cosmin, später Koszmin. 1409 wurde die Tuchmacherzunft gebildet. Das von den Gorka's Anfang des 15. Jahrhunderts erbaute Schloß gelangte um die Jahrhundertwende in den Besitz des Feldmarschalls Kalkreuth.

Wichtigstes Verkehrsmittel für die Erschließung der preußischen Provinz Posen, für seine Industrie und für den Handel, war natürlich die Eisenbahn. Als eindrucksvolles Beispiel hierfür gilt auch der mehrgleisige und recht weiträumige Bahnkörper bei Koschmin auf der Strecke Oels - Krotoschin - Gnesen.

Das Postamt von Pleschen im Wilhelminischen Stil präsentiert sich auch im Jahre 1941 völlig unverändert gegenüber der Epoche aus den Gründerjahren.

Ein Bus der Reichspost verläßt gerade seinen Haltepunkt am Marktplatz in Pleschen, um »über die Dörfer« aufs Land hinauszufahren.

Sicher für viele, die in Pleschen auf die Oberschule gingen, ein Bild wehmütiger Erinnerung: Die Realschule, an der man so manche böse Streiche ausgeheckt hat.

Zu dieser Zeit, genauer gesagt im Jahre 1912, zahlte man im Hotel Victoria, Posenerstraße 36, in Pleschen folgende Preise: Für Frühstück 0,75 RM, für Mittagessen 1,50 RM und für das Abendessen zwischen 1,50 und 2,00 RM. Da war der Aufenthalt in der Stadt angenehm. Rechts im Bild: Die Pleschener Maschinenfabrik W. Jezierski & Co.

Die Kaserne des Inf. Regimentes Nr. 46. Vorne haben die Rekruten in langer Reihe Aufstellung genommen. Alfred schreibt an seine Frau Agnes in Leopoldshain, Kr. Görlitz am 6.10.1915 u.a.: »Bin heute bei unserem Leutnant Bursch geworden, so lange, bis der andere vom Urlaub kommt«.

An der Kaiser-Friedrich-Straße in Jarotschin befand sich noch viel unbebautes Gelände. Was mag damals der Quadratmeter gekostet haben?

Der Marktplatz von Jarotschin mit der hübschen katholischen Kirche, links ein Teilstück des Rathauses. Jarotschin, ehemals in adeligem Besitz, wurde bereits 1257 als Stadt genannt.

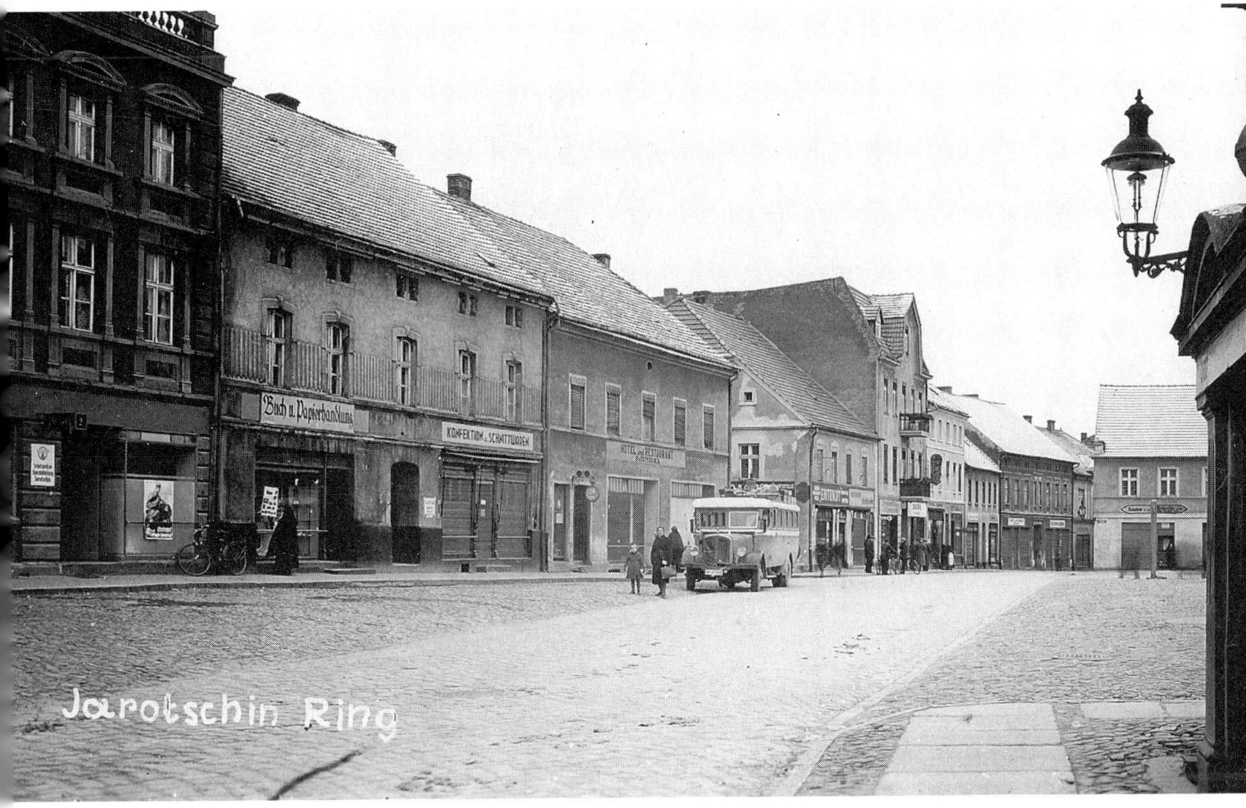

Die neuere Aufnahme von 1940 zeigt ebenfalls den Ring. Mutter mit Tochter sind soeben aus dem Linienbus, einem alten betagten Fahrzeug, gestiegen. Ob die Frau wohl wußte, daß ihre Heimatstadt Jarotschin im Mittelalter Kesselberg hieß?

Panorama-Ansicht der Stadt Jarotschin.

Die Breslauer Straße mit der evangelischen Kirche. Wie wäre es mit einem Spaziergang in diesem schmucken Städtchen?

Das Schloß in Jarotschin im neugotischen Stil (das Bild zeigt die Rückseite mit Schloßterrasse und Park) wurde von Fürst Radolin erbaut.

Czempin wurde malerisch vom hohen, schlanken Kirchturm überragt und lag östlich von Kosten, am Beginn des Obra-Bruchs.

Welche Städte liegen an der Warthe?

Von West nach Ost — flußaufwärts

Birnbaum Zirke Wronke Obersitzko Obornik Posen Moschin Schrimm Neustadt	früher Provinz Posen
Pyzdry/Peisern Konin/Kuhnau Kolo/Wartbrücken Sieradz/Schieratz	polnisches Gebiet

(entsprechend den Grenzen des Warthegaues).

Die Handelsstraße von Rawitsch nach Posen führte auch über diese Warthe-Brücke in Schrimm.

Auf dem Fischmarkt in Schrimm an der Warthe gab es manche Leckerbissen zu kaufen, die eine willkommene Abwechslung boten.

Vor dem Kriegerdenkmal am Rathaus (Soldat mit Fahne auf hohem Sockel) haben sich Schulkinder versammelt. — Dort, wo die Warthe, aus Richtung Osten kommend, sich in einem scharfen Knick nach Norden wendet, am Wartheknie, liegt Schrimm. 1253, im selben Jahr wie Posen gegründet, ist sie somit eine der ältesten deutschen Städte im Posener Land.

Der Wasserturm in Schroda sieht recht modern aus. Auch Wassertürme sind oft interessant gestaltete, architektonische Kunstwerke. Solche markanten Bauwerke waren z.B. der Wasserturm in Insterburg/Ostpreußen, der Wasserturm im Warthelager bei Posen oder der Wasserturm in Hermannsbad (Reg.-Bezirk Hohensalza). Der wohl bekannteste Wasserturm steht heute noch in Mannheim/Rhein.

Der Alte Markt erweckt einen sauberen, gepflegten Eindruck, ist aber an diesem frühen Morgen noch menschenleer. Es scheint, als ob noch nicht alle Geschäfte geöffnet haben. Eine bekannte Sehenswürdigkeit in Schroda war die Gostowski'sche Grabkapelle von 1598 auf der Südseite des Chores in der spätgotischen Pfarrkirche.

Überhaupt zeigt sich Schroda in einem städtisch-eleganten Stil. Die Kaiser-Wilhelm-Straße wird von hohen, aufwendig gestalteten Bürgerhäusern gesäumt. Auf der Hauswand rechts sogar eine Außenwerbung »RADIO TELEFUNKEN«, darüber groß das Firmenzeichen.

Von Wreschen war es früher, als diese Karte verschickt wurde, nicht mehr weit bis zur russischen Grenze. Eine Handelsstraße führte von Posen aus über Schwersenz, Kostschin, Wreschen nach Plock und Kutno. — Hier begrüßt uns ein junges Mädchen aus Wreschen.

Die Hauptstraße von Wreschen, die Schloß-Straße, mündet in den weiten Markt. Hier ergibt sich ein ungewohntes Bild, die Wohnungen sind auf dem schräg abfallenden Platz nur durch kleine Treppen zu erreichen.

Das Rathaus in Wreschen — mit dem gotischen Backsteingiebel dem Postamt in Pleschen sehr ähnlich!

Schön müßte es sein, wieder einmal auf der Posener Straße zu bummeln und die alten Häuserfassaden zu betrachten. Wie mag die Straße wohl heute aussehen?

Geborgenheit: Das Wahrzeichen von Wreschen, die klobig wirkende, massiv gebaute katholische Kirche aus dem Mittelalter, die auf einer kleinen Anhöhe errichtet, schützend die Häuser überragt. Der spätgotische Ziegelbau ist in Form einer dreischiffigen Basilika angelegt.

Wer kennt Wolfskirch bei Lissa? Und doch hatte dieser Ort – die Aufnahme zeigt die evangelische Kirche mit dem Pfarrhaus – seine eigene Geschichte; auch wenn es sicher schwer, manchmal schon fast unmöglich ist, die langjährigen Chroniken dieser kleinen Gemeinden zu rekonstruieren.

Zwischen Wreschen und Posen liegt die 1251 erstmals genannte Stadt Kostschin. Eine breite Straße mit Kopfsteinpflaster führt nördlich, in Richtung Pudewitz.

Ich habe geträumt, ich wanderte wieder wie einst entlang der Warthe. Ich stehe unter dem Schatten der hohen Kiefern, sehe an den schlanken Stämmen empor, mein Blick gleitet weiter in die Ferne auf die ruhig dahintreibende Warthe, verliert sich dann irgendwo am Horizont in flirrender Sommerhitze... Vielleicht sollte man im nahegelegenen Moschin einkehren - eine Rast einlegen?

Und dann sind wir in Moschin. Vor dem Geschäft von M. E. Johne »Farben, Lack, Malerartikel« in der Freiheits-Straße unterhalten sich die Einwohner. Wir könnten uns dazustellen...

Eine Gesamtansicht von Moschin bei Posen — ringsherum eine flache Landschaft, die Posener Platte! Der Absender der Karte äußert sich lobend über einen Osterspaziergang, den er zu den umliegenden Seen unternommen hat. Diesen Spaziergang konnte er sicher nie mehr wiederholen, die Karte ist von 1944!...

Meine Gedanken kehren wieder zurück zu den schnurgeraden Wegen auf weitem Land, der Wind spielt mit dem Laub der Birken, über mir der endlos blaue Himmel, Wolken ziehen langsam vorüber, ich lehne mich an den Stamm einer Birke, spüre den leichten Sommerwind, schließe die Augen ...Ruhe, Glück, Heimat... etwas, das man nicht beschreiben kann.

Sehr beliebt waren die Dampferfahrten auf der Warthe. Auch das stand bei vielen Posenern am Sonntag auf dem Ausflugsprogramm.

Der Marktplatz in Pinne, vermutlich eine der letzten deutschen Fotokarten aus dem Anfang der 40er Jahre. Sie stammt aus dem Verlag Hanns Kanngießer, Litzmannstadt, der viele Ansichtskarten aus dem Warthegau hergestellt hat.

PINNE

Pinne lag rund 50 km westlich von Posen an einer bedeutenden Straßenkreuzung. Man gelangte über Pinne - Wronke - Czarnikau nach Schneidemühl. Die Straße führte südlich über Tirschtiegel - Schwiebus nach Crossen an der Oder. Im Westen fuhr man über Schwerin - Cüstrin nach Berlin, und in einer guten halben Stunde erreichte man in östlicher Richtung über Wittschin die Stadt Posen.
Das alte Rittergut Pinne war früher im Besitz polnischer adeliger Familien. Graf SzoldERski erbaute hier am Anfang des 18. Jahrhunderts ein eindrucksvolles Schloß mit mächtigen Giebelaufbauten. 1822 wurde daneben ein neues evangelisches Kirchspiel mit Kirche und Schule gegründet.

Der Marktplatz in Pinne 30 Jahre vorher — Man kann es manchmal nicht glauben, daß dieser Teil der deutschen Geschichte bereits so weitgehend vergessen und verdrängt ist. Alle diese herrlichen, alten, bunten Städte und Städtchen im Osten, heute kennt sie keiner mehr, ihre deutsche, langjährige Vergangenheit liegt im Dunkeln... und doch hat sich in ihnen einst soviel Leben abgespielt,... haben sich soviele Schicksale vollendet...

Schwersenz war bedeutend als Zufluchtsort der Posener Juden (seit 1600), noch 1793 waren mehr als die Hälfte der Einwohner von Schwersenz Juden. Gegen den Widerstand des Posener Bischofs wurde Schwersenz auch ein Refugium der Evangelischen aus dem nahen Posen und aus Schlesien. Erst 1780 trennten sich die Posener Evangelischen von den Schwersenzern, da sie in Posen eine eigene Kirche bauen durften. — Im Bild: Morgenstimmung auf dem Markt in Schwersenz.

Stenschewo — Höhepunkt jeder Woche war der Markttag. Treffpunkt von Freunden und Bekannten, Nachrichtenbörse, rege Betriebsamkeit, ein kleines Schwätzchen; es gab alles zu kaufen, was auf dem Land angebaut wurde.

Eine Dampferfahrt auf der Warthe flußabwärts bei Owinsk. Hier befindet sich ein Zisterzienser-Kloster (die Klosterkirche zeigt einen prächtigen Kuppelbau) sowie das Schloß Owinsk, 1804 - 1806 nach Plänen von Schinkel erbaut. Einige Kilometer davon entfernt begegnen wir dem Schloß Weißenburg (rechts unten auf der Abbildung), früher ein Wahrzeichen des riesigen Truppenübungsplatzes Warthelager.

»Unterberg«. Jeder kannte den Ausflugsort im Süden von Posen, wo die vielen Seen lagen. Auf verschwiegenen Wanderwegen an der Warthe oder an verträumten kleinen Seen und Gewässern entlang befand man sich hier alleine in weiter Natur. Der Gorka-See war die Perle der ganzen Unterberg-Moschiner Landschaft. Rund 1 qkm groß und bis 17 m tief, dehnten sich seine klaren, grünlichen Fluten zwischen hohen, waldbedeckten Ufern.

Ein gewohnter Anblick im Posener Land, die zahlreichen Zuckerfabriken mit ihren hohen Schornsteinen, wie hier bei Samter.

SAMTER

Die Stadt Samter finden wir zum ersten Mal 1231 als Samotul, 1345 als Samptur bezeichnet, sie erhielt 1450 Magdeburger Recht. Keimzelle der Stadt war die Altstadt mit der katholischen Kirche, später wurde in Richtung Wronke/Obersitzko eine Neustadt mit der evangelischen Kirche angelegt. In früherer Zeit war vorübergehend die polnische Familie Górka Eigentümerin der Stadt und begünstigte die Einführung der Reformation. Samter nahm auch vertriebene Evangelische aus Böhmen und Schlesien auf, sogar die Pfarrkirche gelangte in protestantischen Besitz. Nach dem Aussterben der Górkas wurde die Pfarrkirche 1594 wieder katholisch und der evangelische Gottesdienst 1620 vollständig aufgehoben, erst 1784 konnte eine neue evangelische Fachwerk-Kirche erbaut werden.

Viele kleinen Gemeinden und Ortschaften hatten keine Zugverbindung, diese Orte waren durch Busse der Reichspost an die nächstliegenden größeren Städte angeschlossen. So waren die verschiedenen städtischen Einrichtungen und Ämter leicht zu erreichen, die Schüler hatten Verbindung zu Oberschulen.

Dieses Bild hat sich vielen Bewohnern der Stadt eingeprägt: der schlanke Turm der evangelischen Kirche in Samter, teilweise durch die davorstehenden, hohen Bäume verdeckt. »Warthestadt 21 km« ist auf dem Straßenschild vermerkt.

Der Marktplatz in Samter um 1910.

Der Marktplatz von Obornik mit der katholischen Kirche. Bei Obornik mündet die Welna in die Warthe, die Stadt wird urkundlich bereits um 1299 erwähnt.

Und dann sind wir in Wronke/Warthestadt. Eine besondere Rarität stellt diese Postkarte dar, denn es gab vorübergehend Bestrebungen, auch die Stadt Wronke umzubenennen. Man kam im Jahre 1940 auf den nicht sehr originellen Namen »Warthestadt«. Dies war aber wohl weit über das Ziel hinausgeschossen und kam bei den Bürgern auch nicht an, denn bereits ab 1941 findet man in allen amtlichen Unterlagen wieder den gewohnten Namen Wronke.

Vor dem Postamt in Rogasen geht es noch gemütlich zu; daneben das Textilgeschäft Albert Paperlein. Diese Aufnahme entstand 1918, kurz bevor das Postamt an polnische Behörden übergeben werden mußte.

Streng waren die Bräuche im Königlichen Lehrer-Seminar in Rogasen, wie man sich selbst überzeugen kann. Der Bettenbau im großen Schlafsaal wurde mit pedantischer Genauigkeit absolviert. Die Eleven sollten hier nicht nur zum Lehrer ausgebildet, sondern auch im weltoffenen, aber doch pflichtbewußten preußischem Geist erzogen werden.

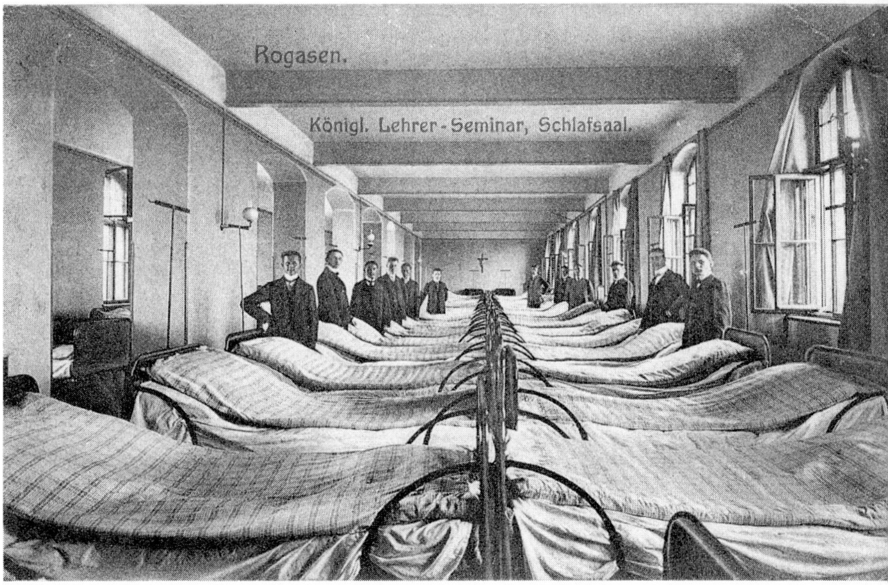

Dieses Foto aus den 40er Jahren zeigt den weiten, gepflasterten Alten Markt in Rogasen. Offenbar wird gerade aus dem Marktbrunnen Wasser geholt.

Völlig in Vergessenheit geraten ist auch die Stadt Filehne an der Netze. Sie lag im äußersten Nordwesten der Provinz Posen, gegenüber Kreuz/Ostbahn, direkt an der Grenze zur Provinz Pommern. Filehne fiel (da es flußabwärts gesehen auf der linken, nicht auf der rechten Seite der Netze lag) Ende 1918 an Polen und gehörte von 1939 - 1945 zum Warthegau.
Oben: Der Marktplatz mit der katholischen Kirche der 1458 gegründeten Stadt Filehne.

Die Nordbrücke bei Filehne wurde von den Polen Anfang September 1939 gesprengt, aber bald wieder aufgebaut. Diese Aufnahme um 1920 dokumentiert noch die alte Ansicht.

Welche Städte liegen an der Netze?

Von West nach Ost - flußaufwärts

Filehne Czarnikau Usch Nakel Netzwalde Labischin Bartschin Pakosch Kruschwitz	früher Provinz Posen	Nakel kam 1939 zu Danzig-Westpreußen

(entsprechend den Grenzen des Warthegaues).

Die Hauptdurchgangsstraße in Filehne, Teil der Straße von Küstrin - Landsberg/W - Driesen - Filehne - Czarnikau -Usch - Schneidemühl.

Überall in der Provinz Posen traf man bis Ende 1918 auf schlichte, aber doch würdig gestaltete Kaiserdenkmäler. Gerade die Bevölkerung dieser Provinz fühlte sich eng mit dem Kaiserhaus und mit der preußischen Vergangenheit verbunden. (Siehe auch Seite 124)

Die Stadt Czarnikau, im Hintergrund dehnt sich das weite Tal der Netze.

Der Marktplatz von Czarnikau vermittelt einen geschäftigen Eindruck, links das Kaiserstandbild. — Beiderseits der Netze erstreckte sich in östlicher Richtung bis zur Weichsel mit Czarnikau, Usch, Kolmar, Samotschin, Wirsitz, Nakel, Schubin, Bromberg, Schulitz, Thorn, eine fast rein deutsche Siedlungslandschaft.

Der Name Czarnikau wurde 1940 in Scharnikau geändert, wir sehen den Marktplatz der Stadt. Die Karte stammt von 1941.

SCHARNIKAU

Scharnikau (Czarnikau) feierte am 30. Oktober 1892 sein 700-jähriges Jubiläum. Aus diesem Grund gab der Lehrer Julius Klemm erstmals eine Festschrift über den Ort heraus, in der er u.a. schrieb: »Czarnikau liegt zwischen dem linken Ufer der Netze und dem Höhenzug, welcher den Südrand des Netzebruches begleitet. Der Höhenzug wird bei Czarnikau von einem Quertale durchbrochen, ein Stadtteil ist in dieses Quertal hineingebaut worden, wodurch die Kreuzform der Stadt entstanden ist. Von den zu beiden Seiten liegenden Höhen, dem Kreuzberg im Süden und dem Judenberg im Norden, genießt man eine prachtvolle Aussicht über die Stadt und das ganze Netzebruch bis nach Filehne«.
Im Jahre 1879 verzeichnete man 478 Wohnhäuser; es wohnten 2349 evangelische, 2031 katholische und 479 jüdische Bürger in der Stadt.

Die Netzelinie

Das Ende der deutschen Stadt Scharnikau wurde an einem Sonntag, dem 21.1.1945, eingeläutet, als sich die Einwohner um halb neun auf dem Marktplatz trafen, um auf den Treck zu gehen. Viele schafften es noch, von Schneidemühl aus einen der überfüllten Züge zu erreichen, die aus Ostpreußen kamen und nach Westen fuhren.
Nachdem am 21. Januar 1945 Einheiten der 2. Panzergardearmee unter Führung von General Bogdanow die riesige Frontlücke durchstoßen, Hohensalza, die Zniner Gegend und Gollantsch besetzt hatten, standen sie am 23. Januar 1945 bereits an der Netze bei Usch und Scharnikau und in dem nach nächtlichen Kampf eroberten Kolmar. Die Netze war im Rahmen der Verteidigungsvorbereitungen Grundlage der »Netzelinie« geworden, da die Deutschen von der Höhe des nördlichen Talrandes aus das gesamte Urstromtal übersehen und kontrollieren konnten. Ihre Kräfte waren aber zu schwach, die Auffangstellungen unterbesetzt, so daß die Sowjets schon am 25. Januar morgens ihren bei Samotschin geschaffenen Brückenkopf in Richtung Schneidemühl ausdehnen und nach Pommern vorstoßen konnten. Wenig später brach die Verteidigung der Heeresgruppe Weichsel an der Netze völlig zusammen.

Abschied von der Heimat am 21./22. Januar 1945. Friedheim im Netzetal... wenige Kilometer östlich von Schneidemühl gelegen.

»Blick auf Usch im Wartheland und Blick auf Pommern«, so kann man diese Karten beschreiben, denn Usch liegt nur wenige Kilometer von Schneidemühl entfernt, direkt an der Grenze zu Pommern. Bei Usch mündet die Küddow, nördlich aus Pommern kommend, in die Netze. Zwischen Usch und Nakel befindet sich ein weiterer Teil des Netzebruchs.
Dies läßt sich gut vom Kalvarienberg aus beobachten, der sich bei Usch erhebt und 14 kleine Kapellen aufweist, von manchen Punkten ergeben sich schöne Fernblicke.

Blick auf Kolmar

Stationen

Die Bahnhöfe meiner Kindheit
— Stationen des Glücks —
verschlungen vom Schlund
der Geschichte,
der Geleise beraubt,
die in der Ferne sich einstmals vereinten.
Kein Zurück in die Kindheit.
Auch ich bin ein anderer geworden.
Eckhard Piotrowski

Der Turm der katholischen Kirche, der sich abseits der Kirche direkt am Alten Markt erhob, war eigentlich als Denkmal für den preußischen König Friedrich Wilhelm III. gedacht; er wurde 1840 errichtet.

Die Porzellan-Industrie der wohlhabenden Stadt Kolmar war der in- und ausländischen Geschäftswelt bekannt. Alte Dokumente beweisen, daß die Erzeugnisse sogar bis nach Amerika exportiert wurden.

Die evangelische Kirche in Kolmar.

Stolze Bürger promenieren in ihrer Stadt, in der Ludwigstraße, und vor dem Kleidergeschäft Max Gutkind verfolgen viele Einheimische das Geschehen.

KOLMAR

Der 1339 qkm große Landkreis Kolmar lag im Norden des Posener Landes und gehörte bis 1920 zum Regierungsbezirk Bromberg und von 1939 bis 1945 zum Regierungsbezirk Posen. Der Landkreis und seine Kreisstadt sind auf alten Landkarten noch unter dem Namen Chodsiesen zu finden. Nach dem verdienten Landrat von Colmar - Meyenburg wurden Stadt und Kreis im Jahre 1877 in Kolmar umbenannt.
Im Jahre 1434 wurde der Ort Chodsiesen zur Stadt mit Magdeburger Recht erhoben, damals ließen sich die ersten deutschen Einwohner, Handwerker und Kaufleute in dieser noch weitgehend unerschlossenen Netzelandschaft nieder.
Die inmitten einer wald- und seenreichen Landschaft liegende Kreisstadt Kolmar führte in der Heimat die Bezeichnung »Posener Schweiz«. Die Stadt war malerisch von drei Seen umgeben, dem Rattaier See, Warower See und Schützensee.
Das Kolmarer Hügelland aus der Endmoränenzeit wird von vielen Kuppen und Senken markiert, die teilweise bedeutende Höhen erreichen. Im Osten erheben sich in den Krumker Bergen einzelne Kuppen bis 130 m, im Westen steigt in den weiten Oberlesnitzer Forsten der Tempelberg bis 191 m an, der höchste Punkt des Posener Landes.
Anfang Januar 1919 hatten die Polen Kolmar angegriffen und besetzt, mußten es aber wieder räumen. Auch um Margonin, Samotschin und andere Städte wurde gekämpft. Am 20. Januar 1920 mußte dann der Kreis Kolmar an Polen übergeben werden, von den 70.000 Einwohnern waren damals 87% Deutsche und 13% Polen. Während die Städter abwanderten, blieben die meisten Bauern auf dem Lande. So kam es, daß das Deutschtum hier auch nach dem 1. Weltkrieg stark vertreten war.

»Telefon 100, Konrad Henke« steht auf dem Geschäft links. Hier konnte man Kolonialwaren, Delikatessen, Spirituosen und Weine kaufen.

Kolmar präsentiert sich sauber und gepflegt, gradlinig wie aus einem Baukastenspiel: Im Vordergrund der Marktplatz, die Straße zieht sich schnurgerade hinunter zum See. Wenn man da an die heutigen Stadtplanungen denkt!

Auf halbem Wege zwischen Kolmar und Wongrowitz lädt uns Budsin zu einer kleinen Pause ein.

Eine traumhaft schöne Landschaft rund um die Netze. Die Seen sind durch schmale Flüsse und Kanäle miteinander verbunden. Alte Holzbrücken, die noch aus friderzianischer Zeit stammen, öffnen den Weg für einen Lastkahn.

An der Stelle, wo das Tal der Netze seine größte Ausweitung hat, liegt Samotschin, hier dehnt sich das Urstromtal 15 km breit. Samotschin wird von viel Wald und sechs großen Seen umgeben, rund um die Stadt gibt es viele Naturschönheiten. Der Marktplatz mit der evangelischen Kirche und dem Kriegerdenkmal bildete die Kulisse für die großen Wochenmärkte, zu denen die Landbevölkerung aus nah und fern herbeiströmte. Das Dorf Samotschin wurde am 29. November 1748 zur Stadt erhoben.

Helldorf im Netzebruch, bei Samotschin. Ohne viele Worte kann man bei diesem Bild spüren, was »Heimat« bedeutet.

Regierungsbezirk Hohensalza

Landkr. Wongrowitz
Stadtkr. Gnesen
Landkr. Gnesen
Landkr. Dietfurt
Landkr. Mogilno
Landkr. Schubin
Stadtkr. Hohensalza
Landkr. Hohensalza
Landkr. Hermannsbad
Landkr. Konin
Landkr. Warthbrücken
Stadtkr. Leslau
Landkr. Leslau
Landkr. Gasten
Landkr. Kutno

Immer wieder kleinere und größere Seen; einzeln, zusammenhängend, versteckt oder endlos weit ausgedehnt ins flache Land hinein. Ob rund um Posen, bei Zirke, zwischen Wongrowitz und Mogilno oder südlich von Hohensalza... Wassersport, Segeln, Rudern wurde großgeschrieben. Ein ideales Freizeitgelände für jedermann.

Das Königliche Lehrerseminar wurde im Zweiten Weltkrieg in eine Kaserne umfunktioniert, ein Wachtposten schreitet auf und ab.

Wir haben inzwischen den Regierungsbezirk Posen verlassen und betreten erstmals in Wongrowitz/Eichenbrück den Regierungsbezirk Hohensalza.

Der Marktplatz von Wongrowitz. Es wird wohl für immer ein Geheimnis bleiben, wieso man dem Hotel den weltstädtischen Namen »Hotel Bristol« verlieh.

Eine Gesamtansicht von Wongrowitz, das mit seinen Straßenzügen an ein Städtchen in Ost-Brandenburg erinnert; niedrige Fachwerkbauten säumen die schnurgerade Hauptstraße.

WONGROWITZ

Wongrowitz gehörte seit 1319 zu dem Kloster Lekno. 1381 wird die Stadt erstmals urkundlich erwähnt. 1396 verlegten die Zisterzienser ihren Sitz von Lekno hierher, dadurch wurde die Stadt Verwaltungszentrum für den riesigen Landbesitz des Klosters. Es folgte um 1600 die Entwicklung zur Tuchmacherstadt, Ende des 17. Jahrhunderts waren 150 Handwerker in zehn Zünften organisiert. Söhne wohlhabender Eltern studierten sogar in Krakau, 1585 gründeten die Jesuiten in Wongrowitz eine Schule. Die Stadt wurde im 30-jährigen Krieg durch die Schweden zerstört, anschließend durch mehrere Stadtbrände heimgesucht. Das hemmte ihren wirtschaftlichen Aufschwung. 1747 entstand das Zisterzienser-Kloster mit Kirche und Konventsgebäuden. 1910 hatte die Stadt rund 2.500 deutsche Einwohner.

Wongrowitz lag am Südende des Durowoer Sees, an dessen beiden Seiten sich große Wälder ausbreiteten. Im Westen befand sich ein prächtiger, alter Eichwald; die Bahn hatte hier für Ausflügler eine eigene Haltestelle »Friemark« eingerichtet. Es lag nahe, diesen Naturschönheiten Rechnung zu tragen, so wurde Wongrowitz am 20.4.1941 in »Eichenbrück« umbenannt.

Das Königliche Amtsgericht in Wongrowitz wurde um die Jahrhundertwende noch auf einem weitgehend freien Areal erbaut.

Bei Augustow fühlt man sich an den Marktplatz in Wreschen erinnert: Kleine Treppenaufgänge führen zu den Wohnungen auf der linken Häuserzeile.

GNESEN

Gnesen rückte erstmals um die Jahrtausendwende in das Bewußtsein des damaligen Abendlandes, das weitgehend vom Kaiser, Papst und von der katholischen Kirche geprägt wurde. In Gnesen fand die Beisetzung Adalberts von Prag statt, der bei dem Versuch, die heidnischen Stämme zu bekehren, erschlagen wurde. Der deutsche Kaiser Otto III. besuchte um das Jahr 1000 die Grabstätte und errichtete die Erzdiözese Gnesen. Gnesen blieb bis 1320 die Krönungsstätte der polnischen Herrscher.

Um das Jahr 1000 wurde mit dem Bau des St. Adalbert Domes, einer dreischiffigen Basilika, begonnen. Der um 1400 vollendete gotische Dom wurde mehrmals verändert, seine gegenwärtige Gestalt mit den beiden barocken Türmen erhielt er im 18. Jahrhundert.

In seinem Inneren birgt der Dom Kunstwerke von europäischem Rang, den wertvollen Hochaltar sowie eine von dem Nürnberger Meister Veit Stoß geschaffene Marmorgrabplatte und verschiedene Epitaphe. Berühmt ist auch die romanische Bronzetüre mit 18 Relief-Szenen aus dem Leben des hl. Adalbert von Prag. Dieses Kunstwerk stammt aus einer niedersächsischen Gießwerkstätte des 12. Jahrhunderts, ähnliche Flachreliefs befinden sich im Dom zu Hildesheim.

Gnesen erhielt im 13. Jahrhundert deutsches Stadtrecht und kam 1793 zu Preußen.

In der Lindenstraße herrscht reges Leben und Treiben — einfach Zuschauen macht Spaß — oder mit seinen Freunden ein Schwätzchen halten, wie die Jungen rechts im Bild.

Gnesen — der St. Adalbert Dom (benannt nach dem hl. Adalbert von Prag). Der Südturm war ein lohnender Aussichtspunkt: Von hier aus bot sich ein unvergleichlicher Rundblick über Stadt und Land.

Gnesen — das Amtsgericht (rechts) und der Dom (im Hintergrund) rahmen den Marktplatz ein.

An diesem Tage muß sich in Gnesen etwas Besonderes ereignet haben: Zwei elegante Pferdedroschken mit Conducteur warten auf dem Marktplatz, offenbar sind die Herrschaften ausgestiegen. Mehrere Jugendliche beobachten das Schauspiel.

Gnesen — Marktplatz. Ein geschichtsträchtiger Stück Boden, auf dem im Laufe der Jahrhunderte schon viele weltliche und kirchliche Herrscher gestanden haben.

Die Altstadt von Dietfurt/Znin mit der evangelischen Kirche. Znin finden wir 1136 erstmals urkundlich erwähnt, es war früher von Stadtmauern umgeben.

Blick auf Dietfurt, das frühere Znin. Znin lag malerisch am Zniner See, 20 Kilometer südlich von Schubin. Vor uns die Wilhelmstraße mit der Buchdruckerei Adolf Zacharias (links) und der evangelischen, im neugotischen Stil errichteten Kirche (rechts).

Der Markt von Pakosch, links das Rathaus mit dem Standbild eines Heiligen. Pakosch ist auch heute noch beliebter Wallfahrtsort, bekannt durch seine künstlerisch wertvollen 22 Kapellen.

Pakosch an der Netze. Ursprünglich befand sich hier der Stammsitz der Familie Krotoski, die 1359 an dieser Stelle eine gleichnamige Stadt nach deutschem Recht gegründet hat.

Als Durchgangsort für den Nord-Süd-Verkehr konnte sich die Stadt Schokken zur größten Siedlung im Süden des Kreises Wongrowitz entwickeln.

Netzwalde liegt zwischen Schubin und Bromberg, die Grenze des Reichsgaues Wartheland verlief direkt nördlich hinter Netzwalde. Der Ort an der Netze wurde 1239 erstmals genannt, Wahrzeichen der Stadt war die wuchtige evangelische Kirche.

Die Nakeler Straße in Schubin. Die Stadt Nakel an der Netze, die früher zur Provinz Posen gehört hatte, wurde 1939 an den Gau Danzig - Westpreußen angegliedert. Die erste urkundliche Erwähnung von Schubin lautete um 1365 als Subyn, man nannte es früher auch Subino, Schubino und Szubino. Die Stadt gehörte mehreren Grundherren, von denen der bedeutendste Graf Mycielski war, in dessen Hände sie 1741 überging. Im Jahre 1818 wurde sie im neugebildeten Kreis Schubin Kreisstadt. Während des 2. Weltkrieges wurde sie in Altburgund umbenannt.

Der Dom zu Tremessen gehört ebenfalls zu den vielen Kostbarkeiten dieser Landschaft — es zählt zu den Merkwürdigkeiten unserer Zeit, warum diese vielen Klöster, Kirchen und Dome bei uns so unbekannt geblieben sind. Hierüber gibt es keine Literatur, geschweige denn Bildbände.

Auf der Eisenbahnfahrt von Posen nach Hohensalza durch die heimatliche, vertraute Landschaft, vorbei an vielen blinkenden Seen, durch ausgedehnte Wälder, fallen die zahlreichen Dome auf, die unseren Weg begleiten. Posen - Gnesen - Tremessen - Mogilno, — wuchtige, stolze Bauwerke, die eine großartige Vergangenheit offenbaren. Der hochaufragende Dom in Tremessen wurde nach mehreren Umbauten, 1791 neu geweiht, seine Anfänge reichen in die spätromanische Zeit zurück.

Der Marktplatz in Tremessen. Eine Büste von Kaiser Wilhlem I. steht vor dem Lebensmittelgeschäft A. Schachtel. Im Vordergrund wartet ein Pferdegespann, deutlich erkennbar die großen Holzräder hinten am Wagen. Mancher dieser Wagen stand im Frühjahr 1945 in Westdeutschland, Zeugnisse des großen Trecks im letzten Kriegsjahr.

Exin — der Marktplatz mit Kopfsteinpflaster und der katholischen Kirche, einer früheren Klosterkirche aus dem Jahre 1787.

EXIN

Wir hören erstmals 1262 von Exin, als Herzog Boleslaus der Fromme von Großpolen diesen Ort an zwei Ritter namens Rinner und Johann verlieh. Eine Blütezeit erlebte Exin nach der preußischen Inbesitznahme am 6.3.1773. Der Preußenkönig Friedrich der Große — der bekanntermaßen besonders den Städten des Netzedistrikts sein ganzes Wohlwollen schenkte — sorgte für einen wirtschaftlichen Aufschwung. Bedingt durch die reichen Ton- und Lehmvorkommen am Rande der Stadt entstand eine wachsende Ziegelindustrie. Durch den Bau des Bromberger Kanals 1773 und die Stromregulierung der Netze entwickelte sich ein neuer Wasserweg zwischen Weichsel und Oder, der auch für Exin weitere Handelsverbindungen brachte. 1773 wurde das preußische Postwesen eingeführt. Exin erhielt eine eigene Posthalterei. Die damaligen Postwege führten von Hohensalza - Exin -Nakel und Schubin - Exin - Margonin - Schneidemühl zur Hauptverbindung Berlin -Königsberg. Um 1850 entstanden ausgebaute und befestigte Straßen im gesamten Netzeraum. Weitere Impulse kamen von der Eröffnung der Eisenbahnlinie Nakel - Exin - Gnesen im Jahre 1888 und Schubin - Exin - Wongrowitz 1908. Dadurch wurde Exin zu einem Eisenbahnknotenpunkt der Strecken Bromberg - Posen, Gnesen - Nakel. Was so hoffnungsvoll begann und systematisch aufgebaut wurde, zerbrach 1919. Exin und viele andere Städte wurden von Deutschland abgetrennt. Eine besondere Bedeutung erreichte der Eisenbahnverkehr noch einmal in der Zeit von 1939 - 1945. Heute heißt Exin Kcynia.

Das ehemalige Kloster bildete eine farbenprächtige, bunte Kulisse auf dem weiten Platz und beeindruckte vor allem durch seine hohe barocke Vorderfront. Die Silhouette der Stadt Exin, als einzige Stadt des Posener Landes auf einem Bergrücken gelegen, war bei klarer Sicht noch aus 30 km Entfernung gut zu erkennen.

Auch Strelno verdankt sein Entstehen einem früheren Prämonstratenser Nonnenkloster. — Der Kaiser grüßt immer noch vor dem »HOTEL DU NORD« gegenüber der Kirche, obwohl die Karte bereits mit »Strzelno« überdruckt wurde. Strelno ist die Geburtsstadt des Gelehrten Albert Abraham Michelson (1853 -1929), der 1907 den Nobelpreis für Physik erhielt. Unweit von Strelno befindet sich das Gut Markowitz, wo 1848 der bedeutende Philologe Ulrich von Wilamowitz-Moellendorff geboren wurde, der sich als Professor an der Berliner Universität einen Namen machte.

Eindrucksvolle preußische Denkmäler in der Provinz Posen: das Kriegerdenkmal in Ostrowo und das Kriegerdenkmal (Germania-Standbild) in Birnbaum.

Preußische Denkmäler in der Provinz Posen

Wie im gesamten Deutschen Reich, so entstanden um die Jahrhundertwende auch in der Provinz Posen eine Reihe eindrucksvoller Denkmäler, die die Verehrung des Kaiserhauses Hohenzollern und die Vaterlandsliebe zum Ausdruck bringen sollten.
In der Provinz Posen errichtete man zwei große Reiterstandbilder für Kaiser Wilhelm I., im Bromberg (1893 auf dem Weltzien-Platz enthüllt, von Calandrelli) und in Hohensalza (im Stadtpark, 1899 enthüllt, von Keil) sowie rund 30 Kaiserstandbilder (Beispiele siehe die Seiten 67, 98, 121). Daneben schuf man Denkmäler des Reichsgründers; Bismarckstandbilder, -türme, und -warthen.
Zur Erinnerung an den siegreich ausgegangenen deutsch-französischen Krieg 1870/71, der die Einigung des Vaterlandes erst möglich machte, entstanden interessante Kriegerdenkmäler, so vor allem der Preußenadler auf hoher, schlanker Säule (z.B. Rawitsch, Ostrowo) und die Germania auf einem hohen Sockel (z.B. Lissa, Hohensalza, Birnbaum). Einfache Kriegerdenkmäler mit Preußenadler erbaute man in vielen Gemeinden.
Diese Zeugnisse preußischer Kultur fielen natürlich als erstes der polnischen Inbesitznahme der Provinz Posen Ende 1918 zum Opfer, vielfach wurden auf die Sockel, nachdem man die deutschen Inschriften beseitigt hatte, polnische Denkmäler gestellt.

Das Denkmal Kaiser Wilhelms I. vor der katholischen Schule in Wollstein.

Standbilder des Hohenzollern-Kaisers Wilhelms I. befanden sich in Bauchwitz, Czarnikau, Kosten, Ostrowo, Posen, Rawitsch, Schneidemühl, Schroda, Strelno, Wollstein, Wongrowitz und Wronke. Büstendenkmäler auf hohem Sockel erfreuten die Einwohner in Betsche, Bojanowo, Feuerstein, Grätz und Tremessen.
Obwohl der Nachfolger Kaiser Wilhelms I., dessen Sohn Friedrich III., nur 99 Tage regieren konnte und ebenfalls 1888 an einer unheilbaren Krankheit starb, wurden auch diesem Kaiser in der Provinz Posen Denkmäler (Standbilder) gesetzt in Argenau, Gnesen, Grätz, Hohensalza, Posen und Rawitsch, sowie ein Büstendenkmal in Bromberg.

Das unten abgebildete Denkmal Kaiser Friedrichs III. in Argenau überrascht durch die Großzügigkeit seiner Anlage.

Die Thorner Straße in Hohensalza. Kinder betrachten eine Pferdedroschke, im Hintergrund das Bast-Hotel mit seinen beiden charakteristischen Rundtürmen.

Die Friedrichstraße einmal ohne Fahrzeuge. So eine Straße heutzutage, das wäre sicher der Wunsch eines jeden Autofahrers!

Der Marktplatz mit dem Kriegerdenkmal (Teilausschnitt siehe folgende Seite).

HOHENSALZA

Die Stadt Hohensalza hieß bis 1903 Inowrazlaw. Sie liegt in der flachen, fruchtbaren Ebene von Kujawien und wurde 1267 gegründet. Deutsche Siedler im Mittelalter nannten sie Jung-Leslau, der Name ging jedoch wieder unter. 1903 wurde sie in Anspielung auf den unterirdischen Salzstock von den Stadtvätern in »Hohensalza« umbenannt. Damit begann auch der Aufstieg Hohensalza's zur Kurstadt. Es entstanden das große Kurhaus mit Kurgarten und die Anlagen am Solbadteich.
In der Provinz Posen gab es einige durch ihre geschichtliche und kulturelle Bedeutung herausragende Städte, die auch in ihrer baulichen Erscheinung echte Kleinode waren, dazu zählte neben Posen, Bromberg und Lissa zweifellos die Stadt Hohensalza. Eine großzügig angelegte Kurstadt mit vornehmen Patrizierhäusern, vielen Denkmälern, darunter ein großes Reiterstandbild für Kaiser Wilhelm I., mit breiten Straßenzügen, schönen Parkanlagen und einer eigenen Straßenbahn. In der Provinz Posen gab es dieses Privileg einer Straßenbahn sonst nur noch in den Städten Posen und Bromberg. Immerhin wohnten in Hohensalza mehr Deutsche als in manchen Kleinstädten des Deutschen Reiches, im Jahre 1910 waren es rund 11.000 Deutsche. Nach dem Ende des 1. Weltkrieges setzte auch in Hohensalza eine starke Abwanderung der deutschen Bevölkerung ein. Denjenigen, die in ihrer Heimat blieben, standen unruhige Zeiten bevor. Der Kampf um die Erhaltung des Deutschtums kostete viele Mühe und Entbehrungen.

Im Jahre 1917 schrieb Musketier H. Buttkowski, Inf. Rgt. 140, 1. Ers. Btl., Rekrutendepot, aus Hohensalza drei Ansichtskarten an seine Schwester nach Neukölln und eine Karte an seinen Bruder Georg. Auf der Karte vom 8.8.1917 lesen wir: »Sei froh, daß Du noch zu Hause bist, wir haben heute wieder schweren Dienst gehabt. Hoffentlich ist der Krieg bald zu Ende. Hier ist auch alles knapp. Sei vielmals gegrüßt...«

Am 17.9.1917 berichtete er seiner Schwester in Neukölln: »...habe diesen Sonntag besser verlebt. Bin im Kino und dann im Stadtpark gewesen, da war es abends noch schön warm«. Die Ansichten zeigen das Kriegerdenkmal (Germania mit Schwert, das Postament ist durch vier Preußenadler geschmückt), die Friedrichstraße, den Eingang zum Stadtpark und die Infanteriekaserne, wo H. Buttkowski im Jahre 1917 seinen Militärdienst ableistete.

Majestätisch auf dem damals noch unbebauten Platz — die Marienkirche im romanischen Stil. Was hat man früher doch für schöne Kirchen gebaut gegenüber den modernen Zweckbetonbauten von heute!

Das Amtsgericht in der Hindenburgstraße. Viele dieser mächtigen Gebäude, um die Jahrhundertwende im wilhelminischen Stil erbaut, sind bis heute erhalten geblieben.

Eine Straßenbahn der Linie 5 kommt uns entgegen. Es ist Werktag, ein geschäftiger Vormittag in Hohensalza. Die große Uhr in der Friedrichstraße beim Telefunken-Radiogeschäft zeigt genau 10.51 Uhr. Links hinten das Bast-Hotel, vorne rechts der Baltische Hof.

Der Hauptbahnhof von Hohensalza in einer älteren Aufnahme. Man sieht gerade noch die einfahrende Dampflok, rechts im Bild die Wasserpumpe.

Beamtensiedlungen an der Stadtgrenze von Hohensalza. Ein Linienbus kommt näher. In welcher Entfernung lagen die anderen Städte? Posen 117, Thorn 36, Argenau 15, Strelno 20, Tremessen 47, Gnesen 65, Pakosch 12, Znin 40, Lekno 69, Wongrowitz 79, Schubin 60, Bromberg 84 (Angaben für Pkw in Kilometern, Quelle: Michelin Reiseführer Deutschland 1912).

Der Goplosee ist der größte, flachgestreckte See der vielen aus der Eiszeit stammenden kleineren Seen, die der Landschaft einen besonderen Reiz verleihen. Sie sind als Flachseen sehr reich an Fischen und Wasservögeln und durchziehen, soweit das Auge reicht, das Land Kujawien. Am Nordende des sagenumwobenen Goplosees liegt Kruschwitz, das in Wikingen umbenannt wurde.

Von der Stadt Hermannsbad aus schweift der Blick aufs Land auf kleine polnische Gehöfte. Zum Flußlauf der Weichsel ist es nicht mehr weit, im Frühjahr stehen häufig weite Landstriche unter Wasser.

Annektierte polnische Gebiete

Mit dem Kreis Hermannsbad betreten wir zum ersten Mal ein Gebiet, das in den Warthegau eingegliedert wurde, obwohl es noch nie zu Deutschland gehört hatte. Die Grenzen wurden 1939 weit über die historischen Grenzen der preußischen Provinz Posen hinaus nach Osten verschoben — zu weit, wie man es bereits damals empfand.
Folgende Landkreise wurden auf polnischem Gebiet gebildet und als zu Deutschland gehörig deklariert:
Reg.-Bezirk Hohensalza: Die Kreise Hermannsbad, Konin, Wartbrücken, Leslau, Kutno, Gasten, mit den gleichlautenden Kreisstädten.
Reg.-Bezirk Litzmannstadt: Die Kreise Welungen, Kalisch, Turek, Lentschütz, Schieratz, Lask, Litzmannstadt, mit den gleichlautenden Kreisstädten.

Das neuerbaute, große Schwimmbad in Hermannsbad, dem polnischen Ciechocinek. Die Herkunft des Namens Hermannsbad konnte nicht geklärt werden.

Die stolzen Bauten aus vergangenen Zeiten verleihen der Kurstadt Hermannsbad ein nicht alltägliches Flair. Hermannsbad verfügt über starke Solquellen, die durch das Gutachten eines Deutschen 1823 »entdeckt« wurden. Ein deutscher Bauplan diente 1824 als Grundlage der Erschließung der Heilquellen und somit als Ausgangspunkt für die Entwicklung des Ortes. Die alten Gradierwerke stehen heute noch. Auch das erste Hotel in dem späteren vornehmen Kur- und Erholungsort hat 1851 der Deutsche Müller gebaut.

Händler und Kaufleute, die vom Norden kommend, in das Landesinnere unterwegs waren, legten in Konin an der Warthe gerne eine Pause ein, bevor sie in Richtung Kalisch weiterreisten. So hat sich Konin dank seiner günstigen Lage schon frühzeitig zu einer regen Handelsstadt entwickelt. – Wenn man die Rathäuser in Konin und Wartbrücken vergleicht: Sie sind sich täuschend ähnlich, dem Gebäude in Konin fehlt nur der hohe Steinturm.

Mächtige Eisschollen, knirschendes Eis an den Ufern, reißendes Hochwasser – im tiefen Winter oder während der Schneeschmelze im beginnenden Frühjahr war eine Überquerung der Warthe immer eine willkommene Abwechslung. – Blick auf Konin.

Vor uns liegt Wartbrücken: Wir blicken auf die Hauptverkehrsstraße Posen - Wreschen - Konin - Kolo - Kutno - Lowicz - Warschau: 30 km östlich von Konin entfernt, liegt wartheaufwärts Kolo, das von 1939 - 1945 in Wartbrücken umbenannt wurde. Bild oben: Zu dem Kloster hat gerade eine Fähre abgelegt. Unten: Die Wilhelm-Frick-Straße mit dem Rathausturm.

Wartbrücken an der Warthe, das polnische Kolo. Vor allem das Rathaus hat sich vielen Deutschen, die in Wartbrücken gewohnt haben oder durch Wartbrücken gefahren sind, eingeprägt. Der auffallende Turm, die vier Säulen am Eingang, über denen unterhalb des Dachgiebels »Wartbrücken« stand. Das Rathaus befand sich auf einem freien Platz, entgegen dem fast gleichen Rathausgebäude in Konin.

Als Vorposten der Zivilisation entstand in dieser einst sumpfigen, waldbedeckten Wildnis das Kloster. — Eine Hauptstraße in Wartbrücken wurde in Wilhelm-Frick-Straße umbenannt, ein Name, der als Straßenname recht selten vorkam. Wilhelm Frick wurde am 30. Januar 1933 Reichsinnenminister. — Rechts das Rathaus, Wahrzeichen von Wartbrücken.

Der Dom in Leslau – das Wahrzeichen der Stadt.

In Deutscheneck bei Wartbrücken treffen wir auf deutsche Geschäftsaufschriften: »Papierwaren und Kosmetik — Hugo Lange«. Aus diesem Geschäft stammt auch die abgebildete Karte — »Hugo Lange« steht auf der Rückseite.
Ergreifend auf dieser Karte vom 5. November 1941, die nach Miltenberg am Main verschickt wurde, ist der Inhalt: »In dankbarer Erinnerung grüßt Sie aus der neuen Heimat Ihre Berta Krautke und Familie«. Voller Optimismus scheint diese Familie aus Franken in das ferne Land an der Warthe ausgewandert zu sein in der Hoffnung, sich eine neue Zukunft zu schaffen. Was werden sie wohl empfunden haben, als sie bei überstürzter Flucht Anfang 1945 dieses Land wieder verlassen mußten?

Die polnische Stadt Wlozlawek an der Weichsel hieß von 1939 - 1945 Leslau, in Anlehnung an einen alten Namen einer früheren deutschen Ansiedlung aus dem Mittelalter, große Bedeutung hatte einst auch das Kloster Leslau. Bemerkenswert in Leslau sind der Dom (14. - 15. Jahrhundert, Türme aus dem 19. Jahrhundert, Marmorgrabmal des Bischofs Peter Moszyński von 1493) und zwei weitere gotische Kirchen.

Leslau war im 17./18. Jahrhundert auch das Ziel vieler deutscher Kaufleute aus Danzig, die hier mit Getreide handelten, vielleicht erinnerte sie die Lage der Stadt an ihre Heimat. Später ließen sich deutsche Handwerker nieder (um 1800), die 1821 ihr erstes evangelisches Gotteshaus erhielten (eine frühere polnisch-katholische Kirche).

Vom gegenüberliegenden hohen Weichselufer hatte man einen herrlichen Rundblick auf die Weichselstadt – das hat vermutlich schon viele Neuansiedler begeistert. In der Bildmitte die im Bau befindliche neue Straßenbrücke aus Eisen, rechts die alte Holzbrücke über die Weichsel.

Gepflegte Parkanlagen verschönerten das Stadtbild in Leslau.

Seltene Bilddokumente sind die Aufnahmen von der von den Polen in den ersten Kriegstagen gesprengten großen Eisenbrücke in Wlozlawek (Leslau).
Unmittelbar nach dem Einmarsch der Deutschen begannen die Pioniere mit der Wiederherstellung der Brücke, die zerstörten Brückenteile sind inzwischen schon entfernt worden.

Kutno war der südöstlichste Kreis des Regierungsbezirkes Hohensalza. — Zwei Aufnahmen von der Stadt Kutno. Auf der oberen Ansicht rechts die Hauptstraße, im Hintergrund das Rathaus. Die gleichen Motive werden unten noch einmal in anderer Perspektive gezeigt.
Im Raum Kutno - Lowitsch spielten sich um den 7./8./9. September 1939 furchtbare Einzelschicksale ab. Hier endeten die Gewaltmärsche von rund 7000 deutschen Internierten. Manche Gruppen mußten über 25 Stunden lang fast ununterbrochen marschieren. Während dieser Todesmärsche kamen viele Deutsche um.

Regierungsbezirk Litzmannstadt

Landkr. Ostrowo
Landkr. Kempen
Landkr. Welungen
Stadtkr. Kalisch
Landkr. Kalisch
Landkr. Turek
Landkr. Lentschütz
Landkr. Schieratz
Landkr. Lask
Landkr. Litzmannstadt
Stadtkr. Litzmannstadt

Wir betreten bei Ostrowo den Regierungsbezirk Litzmannstadt und befinden uns im südlichen Teil des Warthegaues.

Die neue katholische Kirche in Ostrowo gegenüber dem Landgericht wurde im Jahre 1906 erbaut. Es ist überliefert, daß man den teilweise noch sumpfigen Boden mit langen Baumstämmen absichern mußte, bevor mit dem Bau des Turmes begonnen werden konnte.

Fürst Radziwill ließ das Rathaus am Ring im Jahre 1828 durch den berühmten Berliner Architekten Karl Friedrich Schinkel errichten.

OSTROWO

Ostrowo wurde in einer sumpfigen Gegend auf einer trockenen Ebene erbaut. Diese Ebene nannten die damaligen Bewohner »Insel«, polnisch »Ostrow«, daher stammte die Bezeichnung Ostrowo. Die Stadt wird erstmals in einer Schenkungsurkunde im Jahre 1293 genannt, ihre Einwohner betrieben Leineweberei, Tuchmacherei und Landwirtschaft. Eine einschneidende Veränderung erfuhr die Stadt 1793, als sie zu Preußen kam. Im Jahre 1793 zählte man 2541 Einwohner — 1269 evangelische, 891 katholische und 381 jüdische. Seit 1800 ist die Stadt Garnisonsstadt. Beim Ausbruch des 1. Weltkrieges diente der bekannte Jagdflieger Manfred Freiherr von Richthofen, ein Schlesier im nahen Kleinburg bei Schweidnitz geboren, beim Ulanen-Regiment Nr. 1.
Die Stadt nahm einen raschen wirtschaftlichen Aufschwung, nicht zuletzt auch durch die Nähe der Stadt Kalisch und durch die stark frequentierte Bahnverbindung Kalisch - Lodz. Im Jahre 1906 erfolgte die Pflasterung des Ringes. Ostrowo war vor dem 1. Weltkrieg zu über 50% deutsch, das Verhältnis zur polnischen Bevölkerung war ausgesprochen gut. Es gab viele polnische Handwerker und Kaufleute, bei den Behörden arbeiteten viele Polen als Beamte und Angestellte. Deutsche und Polen waren gleichermaßen stolz auf ihre so angesehene Heimatstadt.

Ostrowo — die Straßenansichten zeigen eine wunderhübsche Stadt. Und in der Tat war auch Ostrowo ein Kleinod an baulicher Geschlossenheit. Wenn man aufmerksam die Hausfassaden betrachtet, die Türmchen, die Erker, die Stuckarbeiten; so sorgfältig wie die Details herausgearbeitet sind, könnte diese Stadt genausogut in Schlesien, Brandenburg oder Thüringen liegen. Bild oben die Kalischer Straße, unten die Kirchstraße.

Es macht Spaß, diese alten Straßenansichten zu studieren. Bild oben: Die Kirchstraße mit der Bank Kupiecki, davor ein Denkmal. Unten: Die Breslauer Straße mit holprigem Kopfsteinpflaster. Die Frauen tragen die damals so modischen breiten Hüte.

Über den Dächern von Ostrowo — im Vordergrund der Ring. Die Karte stammt vom Januar 1941. Vor 40 Jahren fand auf dem gleichen Platz die alljährliche Parade am Geburtstag des Kaisers statt. Verweilen wir ein paar Augenblicke bei dieser Feier: links auf dem Platze haben die Honorationen Aufstellung genommen, man erkennt ganz vorne die Vereine mit ihren Fahnen. Auf der rechten Seite stehen dicht gedrängt die Zuschauer. In besonderen Formationen marschieren die Soldaten aus der in Ostrowo gelegenen Infanterie- und Ulanen-Kaserne vorüber.

Die evangelische Kirche — ein schmucker Fachwerkbau aus dem Jahre 1778.

Die Bahnhofstraße in Ostrowo. Die Karte ist am 15.6.1940 nach Wiesbaden-Dotzheim versandt worden. Ein Wehrmachtsangehöriger schreibt an seine Familie u.a.: »Gestern abend in O. angekommen. Es geht heute weiter, wohin, unbekannt«.

Ansichten aus Grabow, südöstlich von Ostrowo, mit Bahnhof, Bahnhofs-Hotel, Schloß und »Grenzübergang nach Rußland«.

Der Übergang nach Kalisch bei Skalmierzyce. Jenseits der Kette begann Rußland — so einfach war das damals! Die später deutsch eingeführte Bezeichnung für Skalmierzyce lautete Skalmierschütz.

Die Grenze zwischen Deutschland und Rußland bis zum Ende des 1. Weltkrieges

Eine gewisse Faszination übten in der Provinz Posen die Grenzübergänge nach Rußland aus. Gern unternahm man einen Ausflug an die Ostgrenze des Deutschen Reiches, um einen Blick auf Rußland zu werfen. Man stand sich aber nicht mit schußbereiter Waffe gegenüber, sondern nahm alles sehr gemütlich, eher lässig auf. Deutsche und russische Wachtposten ließen sich gutgelaunt zusammen fotografieren, sogar Schulkinder — wie in Grabow — kamen mit aufs Bild. Die Grenze wurde durch eine quer über die Straße gezogene Kette markiert!

Auf der oben abgebildeten historischen Karte, auf der auch Marschall Hindenburg und der Preußenadler mit seinen weiten Schwingen nicht fehlen dürfen, sind vier wichtige Grenzübergänge verzeichnet:

Stralkowo	(Kreis Wreschen)
Skalmierzyce	(Kreis Ostrowo) bekannt durch sein großes Bahnhofsgebäude, bedeutender Bahnübergang nach Kalisch
Boguslaw	(Kreis Pleschen)
Grabow	(Kreis Schildberg)

Diese Grenz-Romantik ging nach 1918 jäh unter. Der polnische Staat war wieder neu entstanden, und die Grenzen wurden weit nach Westen vorgeschoben.

Der Wilhelmsplatz in Adelnau, einem kleinen Städtchen bei Ostrowo. Adelnau erhielt 1403 das Privileg der Stadtrechte. Am 22. April 1848 fand während des polnischen Aufstandes ein Gefecht bei Adelnau mit preußischen Truppen statt.

Hier wird die Stadt Schildberg auf einer Gesamtübersicht (oben) vorgestellt, unten das Amtsgericht. Auf der Karte vom 15. Oktober 1940 erfahren wir, daß das Amtsgericht jetzt als Quartier genutzt wird.

Das für die Erschließung des Landes einst so bedeutende Bernhardiner-Mönchskloster aus der Mitte des 14. Jahrhunderts. Die Stadt Schildberg ist schon seit 1200 nachweisbar, sie lag an der wichtigen Handelsstraße zwischen Breslau und Kalisch.

Die Baranower Straße in Kempen führt zu dem kurz vor Kempen in südlicher Richtung gelegenen Ort Baranow. Der Ort entstand neben dem alten Kloster Baranow.

KEMPEN

Charakteristisch ist auch bei Kempen wie bei vielen anderen umliegenden Städten, daß bereits im 13. Jahrhundert eine erste Gruppe deutscher Ansiedler in diese Gegend kam, die sich aber dann mit den Ortsansässigen vermischt haben. Dokumente beweisen, daß vom 13. bis 15. Jahrhundert zwei Namen geläufig waren, das polnische »Kempno« und das deutsche »Langinfurt«, dieser Name ging jedoch wieder verloren. Es ist nachweisbar, daß es Zeiten gab, in denen Kempen eine fast rein deutsche Ansiedlung war. Die Stadt teilte das traurige Los ihrer Nachbarn und litt ebenfalls schwer unter dem 30jährigen Krieg. Im Jahre 1660 erneuerte König Johann Kasimir die Stadtrechte von Kempen nach Magdeburgischem Recht, es wurde in der Nähe des Schlosses Kempno durch dessen Besitzer, Adam von Ridnik Biskupski, neu angelegt. Die deutschen Leineweber und Tuchmacher erhielten zugleich das Privileg zur Errichtung einer evangelischen Kirche und Schule.
Noch eine Besonderheit gibt es aus Kempen zu vermelden: Anfang des 19. Jahrhunderts wohnten zeitweise über 3000 Mitglieder der jüdischen Gemeinde in Kempen, der Name »Klein Jerusalem« entstand. Viele Kempener Juden wanderten dann aus wirtschaftlichen Gründen in die Neue Welt aus und brachten es in Amerika zu großem Wohlstand. So haben die Kempener Juden auch heute noch in New York einen eigenen Friedhof nur für ihre Gemeinde. In Kempen befand sich früher einer der größten jüdischen Friedhöfe Deutschlands.

Die große katholische Kirche in Kempen wurde im Jahre 1909 durch Baumeister Weber errichtet. An der gleichen Stelle, wo heute der stattliche Barockbau steht, hatte sich von 1684 bis 1908 eine kleine katholische Holzkirche befunden.

Kempen — nicht so groß und pittoresk wie Ostrowo, aber auch mit einem repräsentativen Marktplatz.

Das Rathaus in Welun. Die polnische Stadt liegt etwa 20 km jenseits der oberschlesischen Grenze mitten im Welunger Bergland, einem verkehrsmäßig noch wenig erschlossenem Gebiet, in dem Eisenerz abgebaut wird.

Wielun, Welun, Welungen, die Stadt hatte von 1939 -1945 mehrere Namen. Die Absenderin dieser Karte schreibt unter dem Datum vom 3.7.1941 »Welun«. Sie schreibt weiter, daß es hier eigentlich nichts Besonderes zu sehen gäbe. Besonders sehenswert ist das Rathaus sicher nicht. Dafür bietet aber der riesige Marktplatz mit den beiden Kirchen doch ein interessantes Motiv.

Das Theater in Kalisch, ein wichtiger kultureller Mittelpunkt der gesamten Region mit weiter Ausstrahlung, hat viele bedeutende Aufführungen erlebt.

Kalisch ist die älteste Stadt Polens. Der Geograph Claudius Ptolomäus von Alexandrien erwähnte bereits den Ort Calisia an der Bernsteinstraße, die vom Süden nach der Ostsee führte. Kalisch ist eine römisch-germanische Siedlung und besteht nach alten Urkunden seit dem Jahre 142. Die Stadt hat eine bewegte Vergangenheit, um sie wurden viele Kriege geführt. 1282 erhielt Kalisch deutsches Stadtrecht. In der Folgezeit kamen immer mehr deutsche Handwerker in die aufstrebende Stadt an der Prosna, 1593 gründeten deutsche Tuchmacher eine Meisterzunft. Dann trafen sich europäische Herrscher in Kalisch, das Ereignis bekam weltgeschichtliche Bedeutung: Kaiser Alexander I. von Rußland und König Friedrich Wilhelm III. von Preußen schlossen am 28.2.1813 das entscheidende Bündnis gegen Napoleon (Aufruf des preußischen Königs »An mein Volk« kurze Zeit später in Breslau). — Kalisch wandelte sich zur Industriestadt, führende Industrielle waren Deutsche: Repphan (Tuchfabrik), Müller (Plüsch- und Samt-Fabrikation), Fiebiger (Klavierwerkstätten), alle Unternehmen bestehen als staatliche Betriebe auch heute noch. Bemerkenswert war das rege kirchliche Leben in der evangelisch-lutherischen Diözese Kalisch (seit 1828), hier wirkte der »Kalischer evangelische Gesangsverein«. Die Jahre 1944/45 brachten dann eine tiefe Cäsur und das Ende der deutschen Stadtgeschichte von Kalisch.

Das Stadttheater — Zugang von der Parkseite. Wenig Ruhm haben während des 1. Weltkrieges die deutschen Truppen in Kalisch erworben. Im Zuge der Kampfhandlungen mit Rußland wurde nach heftigen Kämpfen 1915 auch Kalisch besetzt. Es kam anschließend zu Schüssen und Überfällen von Zivilpersonen auf deutsche Soldaten. Daraufhin ließ Major Preußker als Vergeltung die ganze Stadt Kalisch in Brand schießen, über 400 Gebäude wurden eingeäschert oder vernichtet. Dies kostete den Deutschen, die bisher bei der Bevölkerung recht beliebt waren, viele Sympathien.

Die katholische Kirche in Kalisch.

Kalisch hatte 1937 rund 70.000 Einwohner. Im Bild der Marktplatz mit seiner durchgehend geschlossenen Häuserfront. — Ursprünglich war Kalisch statt Litzmannstadt als eigener Regierungsbezirk vorgesehen. So lesen wir im Reichsgesetzblatt Teil I vom 21.10.1939 »Der Reichsgau Posen gliedert sich in die Regierungsbezirke Hohensalza, Posen und Kalisch« — Ab 5. Februar 1940 wird dann laut Erlaß vom 29. Januar 1940 das Gebiet als »Reichsgau Wartheland« bezeichnet. Da der Regierungspräsident aber ausschließlich in Lodsch amtierte, erfolgte Anfang April 1940 die Verlegung des Regierungssitzes von Kalisch nach Lodsch, dessen Name kurz darauf in Litzmannstadt geändert wurde.

Auf der Fahrt zum neuen Hof im Winter 1939.

Im Rahmen der Umsiedlung wurde auch die Reichsbahn eingesetzt, um die Rücksiedler in ihre Zielgebiete zu bringen.

Ein endloser Treck zieht westwärts — mit welchen Erwartungen mögen wohl die Umsiedler in das ihnen fremde Land gekommen sein?

Die Umsiedlungen 1939/40 in den Warthegau

Nach Beendigung des Polenfeldzuges wurden mit dem Erlaß vom 7. Oktober 1939 die Grundlagen für die Umsiedlung hunderttausender Deutscher in den Warthegau und auch in andere Teile des Reiches geschaffen. Umsiedlungen erfolgten, entsprechend der Festlegung der deutsch-sowjetischen Interessenssphäre, aus den baltischen Staaten Estland, Lettland, Litauen, aus den an die Sowjetunion gefallenen polnischen Gebieten Wolhynien, Galizien und Narewgebiet, dem Cholmer- und Lublinerland sowie aus Bessarabien, dem Buchenland und der Dobrudscha.

In die Landkreise Litzmannstadt - Lask - Sieradsch und Kalisch wurden rund 130.000 Menschen umgesiedelt. Der erste Transportzug in diesen östlichen Teil des Warthegaues traf am 23. Dezember 1939 in Pabianice ein, der letzte Umsiedlerzug am 9. Februar 1940 in Zgierz. Die mit großem Aufwand, auch mit viel Propaganda durchgeführte Umsiedlung war indes nur von kurzer Dauer, die vielen bitteren Einzelschicksale nach der Flucht Anfang 1945 sprechen eine andere Sprache. Aber nicht nur aus dem Osten wurde der Warthegau besiedelt, auch aus dem Deutschen Reich und aus Österreich kamen Beamte, die vor allem als Verwaltungsfachleute, Bürgermeister, Baudezernenten, Lehrer und Professoren hier tätig waren. Um den Lehrermangel zu beheben, wurden in den folgenden Jahren verstärkt junge Lehrerinnen und geschulte BdM-Führerinnen in dieses Gebiet entsandt, viele von ihnen kehrten nie mehr zurück.

Der Rathausplatz in Turek.

Turek war 1785 noch ein unbedeutender Ort mit rund 100 Häusern. Anfang des 19. Jahrhunderts zogen viele katholische Sudetendeutsche, vor allem aus dem Raum Friedland in Böhmen, über die österreichische Grenze ins damalige Rußland, nach Turek. Turek war auf dem besten Wege, dank der zugezogenen Baumwoll- und Leineweberexperten, eine Industriestadt zu werden. Doch das konkurrierende Lodz lief Turek den Rang ab. Es ging der Spruch um: »Ganz Lodz ist aus Turek«.

Sieradsch, Sieradz (deutsche Bezeichnung Schieratz oder Scherast) an der Warthe entstand als Handelsstadt an dem Punkt, an dem sich die beiden großen Fernstraßen aus Kalisch und aus Breslau nach Lodz vereinen. — Eine breite Asphaltstraße führte zum Krankenhaus, ein alter Opel mit der Kenn-Nr. IZ - 42 591 kommt uns langsam entgegen. Wir werden nie erfahren, was sich an diesem Tage ereignet hat.

Die Warthe bildet hier ein weites, sumpfiges Gelände, deshalb liegt auch Sieradsch nicht direkt am Fluß, sondern etwas davon entfernt. Flußregulierungen, wie wir sie kennen, sind wohl aus finanziellen Gründen undurchführbar, so läßt man dem Hochwasser seinen jahrhundertealten, freien Lauf. Im Hintergrund die lange Eisenbahnbrücke vor überschwemmtem Waldgebiet.

SCHIERATZ

Stück für Stück Boden wurde der Wildnis abgerungen, die Geschichte wiederholt sich hier mehrfach: Zuerst kamen die Mönche ins fast menschenleere Land, die Klöster anlegten und den Ackerbau sowie eine geregelte Landwirtschaft einführten. Langsam entwickelten sich an dafür besonders exponierten Stellen Handelsschwerpunkte. So heben sich auch aus der Stadtsilhouette von Sieradsch zuerst das Kloster (rechts) und die katholische Kirche (links) ab. Auf der Abbildung links grüßt uns die Kirche aus nächster Nähe.

Auf dem Ringplatz wartet im Hintergrund ein Bus der Kraftpost. Es ist anzunehmen, daß er über Lask nach Litzmannstadt fährt (rund 60 km).

Die Beschaulichkeit am Ringplatz ist einer regen Geschäftigkeit gewichen, die Bauern aus der ländlichen Umgebung sind zu Einkäufen in die Kreisstadt gekommen, die Einheimischen begutachten die Gespanne, man trifft sich, erfährt Neuigkeiten. Links das Pförtnerhäuschen mit der örtlichen Kommandantur. Das Ganze erinnert lebhaft an ähnliche Aufnahmen aus dem 1. Weltkrieg.

Die letzten Tage im Raum Litzmannstadt

Besonders tragische Schicksale mußten die Deutschen erleiden, die in den Kreisen Litzmannstadt, Lentschütz und Lask gelebt hatten. Die Schreckenstage und -nächte vom 16., 17. und 18. Januar 1945, als völlig unerwartet plötzlich sowjetische Panzer vor Haus und Hof standen, werden diejenigen, die dies alles erlebt haben, nie mehr vergessen können. Da ohne Reisegenehmigung niemand seinen Wohnort verlassen durfte, und man bei Kontrollen sofort aufgegriffen wurde, war es nur sehr wenigen gelungen, noch unter geordneten Verhältnissen in den Westen zu gelangen. Die von den Behörden angeblich vorbereitete Rückführung der Deutschen war kläglich gescheitert, alle wurden von den Ereignissen buchstäblich überrollt.

Da ist die junge Frau, die in einem Vorort von Litzmannstadt kurz zum Bahnhof ging, nur um zu sehen, ob die Züge fuhren und die, völlig unvorbereitet, ohne Papiere, gerade noch den letzten Zug bestieg; oder die Einwohner eines kleinen Ortes, die noch beim Packen waren, als russische Tanks bereits in ihre Höfe einfuhren; oder der Treck, der überstürzt zusammengestellt, nach wenigen Kilometern wieder umkehren mußte. Da ist der Bürgermeister einer Kleinstadt, der unterwegs von einer Telefonzelle aus in Litzmannstadt anrufen wollte, um sich über den Verlauf der Front zu erkundigen, und den russische Infanteristen aus der Telefonzelle holten und erschossen.

Niemand in der Umgebung von Litzmannstadt wußte, daß die Sowjets schon am 17. Januar in die Großstadt eingerückt waren. Züge nach Litzmannstadt wurden von deutschem Personal auf freier Strecke angehalten und wieder zurückgeschickt; wer Glück hatte, konnte sich vielleicht bis nach Hohensalza durchschlagen.

Dann brach die Welle der Gewalt über die Deutschen herein, die nun völlig hilflos der russischen Soldateska und den Polen ausgesetzt waren. Es wurde geplündert, vergewaltigt, mißhandelt, verschleppt, viele wurden erschossen. Frauen, Mädchen, Soldaten kamen in Gefängnisse nach Warschau und Litzmannstadt, Seuchen brachen aus, Hunger tat ein übriges, Tausende starben namenlos, kamen in Massengräber. Deutsche Bauern, die sich in den Wäldern versteckt hatten, fanden bei der Rückkehr in ihren Heimatort Haus und Hof leer, mit ausgeschlagenen Fenstern, aufgerissenen Fußböden. Viele Deutsche mußten auf Baustellen arbeiten oder, um zu überleben und Nahrung zu erhalten, Straßen kehren.

Vieles, was geschehen ist, wird man niemals erfahren. Natürlich gab es auch gute Polen, die sich sogar schützend vor Deutsche stellten, mit denen sie im gleichen Ort lange Zeit zusammengelebt hatten. Aber dies war meistens vergeblich, denn ortsfremde Polen oder Russen trieben immer wieder von neuem ihr grausames Spiel, oftmals ihr tödliches Spiel, mit den noch zurückgebliebenen Deutschen. Man weiß im einzelnen nicht, wieviele verschleppt wurden oder wie sie zu Tode kamen. Die Einwohner dieser Orte sind wahllos in alle Winde verstreut, manche wanderten aus; die große Umsiedlung in den vor allem östlichen Teil des Warthegaues sollte wohl nur der Auftakt sein für ein unruhiges Leben, das

1945 begann und für manche niemals mehr endete. Und doch tragen auch diese Menschen die Erinnerung an ihre Heimat, an das, was sie sich aufgebaut haben, zeitlebens für den anderen verborgen, als kostbaren Schatz in ihren Herzen.

Diese und ähnliche Bilder sah man im Januar 1945 in vielen Städten des Warthegaues. — Überrascht durch den so schnellen, so massiven Vorstoß der sowjetischen Truppen, unter der Führung von General Konjew, wurde alles an die beinahe stündlich wechselnde Frontlinie geworfen. Man rief die Bevölkerung zu Schanz- und Grabenarbeiten auf, versuchte, neue Verteidigungslinien aufzubauen, bildete neue Truppenteile. — Noch nicht näher erforscht werden konnte das weitere Schicksal von Angehörigen des Eichenbrücker Volkssturmes, die auf abenteuerlichen Wegen bis in die Festung Breslau gelangten und sich Anfang Mai 1945 ergeben mußten.

Der kleine Ort Strykow, nordöstlich von Litzmannstadt, bereits nahe an der Grenze zum damaligen Generalgouvernement. Die Straße nach Lowicz - Warschau führte über Strykow, das durch seine herrliche Barockkirche bekannt war.

Genau auf halbem Wege zwischen Sieradsch und Litzmannstadt halten wir noch einmal auf dem Marktplatz in der Kreisstadt Lask. Das große weiße Eckhaus war sicher stark frequentiert. Es trug die Aufschrift: »Gaststätte Deutsches Haus«. Davor stehen mehrere Lkw, nach Litzmannstadt war es von hier aus nur noch eine gute Viertelstunde zu fahren, rund 30 km.

Eigentlich könnte man unter dieses Foto auch »Litzmannstadt« schreiben, denn dort sah es am Stadtrand genauso aus. Von allen Städten, die in dem riesigen Industriebezirk rund um Litzmannstadt lagen, hatte Pabianice die größte Bedeutung, hier hatten sich auch viele Deutsche angesiedelt. Mächtige Produktionswerkstätten für die Textilbetriebe wurden gebaut (Foto unten), im Vordergrund noch zwei alte Weberhäuser. Größter Baumwollfabrikant in Pabianice war Benjamin Krusche aus Sachsen, der das Unternehmen »Krusche & Ender« gründete, um 1940 waren hier 5000 Arbeiter beschäftigt.

Das Rathaus in Pabianice — ein eigenartiger Bau. Man fühlt sich an die Tuchmacherhalle in Krakau erinnert.

Blick auf Litzmannstadt mit dem Eckgebäude des Postamtes I. Das im September 1939 kampflos in deutsche Hand gefallene Lodz wurde am 11. April 1940 in Litzmannstadt umbenannt, in Erinnerung an den »Löwen von Brzeziny«. Gemeint war damit Karl Litzmann (1850–1936), der als preußischer Generalleutnant am 24. November 1914 den »Durchbruch von Brzeziny« erzwungen hatte, durch den drei eingeschlossene deutsche Divisionen aus russischer Umklammerung befreit wurden. Brzeziny (von 1940 bis Anfang 1945 Löwenstadt) liegt rund 20 km östlich von Lodz.

LITZMANNSTADT

Die 1332 erstmals genannte Stadt Lodz ist in jeder Hinsicht eine außergewöhnliche Stadt. Lange hörte man nichts von ihr, was einen Chronisten interessieren würde. Aber dann ging es Schlag auf Schlag: 1823 kamen die ersten deutschen Ansiedler: Weber, Tuchmacher, Industrielle wie Karl Gottlieb Sänger, Karl Gottfried May, Christian Friedrich Wendisch, Gottfried Mittelbach, Ludwig Geyer, Carl Wilhelm von Scheibler, Titus Kopisch, Karl Steinert und andere Firmengründer. Die Stadt wuchs in atemberaubendem Tempo, überflügelte alles in ihrer Umgebung, zog wie ein Magnet immer neue Ansiedler an, nahm wie ein Schwamm alles in sich auf, erhielt den Namen »Polnisches Manchester«. Lodz zählte um 1820 nur 760 Einwohner, 1911 über 500.000 Einwohner, davon über 100.000 Deutsche. In Lodz dominierten riesige Maschinensäle in gemauerten Fabrikgebäuden, überall in der Stadt Lager- und Betriebshallen, dazwischen Riesenschlote... man arbeitete für den unermeßlichen russischen Markt.
Einzigartig entwickelte sich das Deutschtum in Lodz, das in der Stadt die führende Rolle einnahm. So gab es einen Deutschen Schul- und Bildungsverein, Ring Deutscher Akademiker, ein Lodzer Deutsches Gymnasium (LDG), deutsche Zeitungen (u.a. Deutsche Lodzer Zeitung), viele deutsche Turn- und Sportvereine, deutsche Gesangvereine, einen Bach-Chor (seit 1935), ein deutsches Theater (seit 1867 mit Unterbrechungen), deutsche Kirchengemeinden, deutsche Sängerfeste und eine deutsche Schützengilde.
Von 1940 - 1945 hatte Litzmannstadt viel Ähnlichkeit mit deutschen Großstädten.

Die Bänke im Park sind voll besetzt.

Im Zentrum von Litzmannstadt: Der »Fremdenhof General Litzmann« — ein vornehmes Hotel. Ein Polizist regelt den Verkehr auf der Petrikauer Straße, der nicht gerade überwältigend ist. Die über sechs Kilometer lange Petrikauer Straße war Lebensnerv der Stadt, Hauptstraße, früher Verbindungsstraße der einzelnen Stadtteile; die sich, von vielen klassizistischen Bürgerhäusern gesäumt, unentwegt immer geradeaus durch die Großstadt zog.

Viele Geschäfte belebten auch die Meisterhaus-Straße, deutlich ist das Agfa-Schild einer Fotohandlung zu erkennen. Im Kino gegenüber konnte man sich die neuesten deutschen Filme ansehen. Aber auch auf den Straßen gab es was zu sehen: Die modisch-elegant gekleidete Dame mit Hut, und die behäbigen Pferdefuhrwerke bildeten doch einen gewissen Gegensatz!

Das Kennzeichen von Litzmannstadt, die kilometerlangen Straßen, die sowohl durch Wohn- als auch durch Industriebezirke verliefen, verdeutlicht sich wohl am besten in der Petrikauer Straße.

Ankunft am Hauptbahnhof in Litzmannstadt. Von hier aus fuhren Züge in Richtung Kalisch - Ostrowo - Lissa, Warschau - Brest - Litowsk, Posen - Frankfurt/Oder.

Die immer geschäftige Neustädter Straße mit einer voll besetzten Straßenbahn der Linie 5.

Ausschnitt aus dem Kursbuch
der Deutschen Reichsbahn 1942
Berlin - Litzmannstadt
Fahrplan gültig ab 2. November 1942

Berlin-Charlottenburg	9.27
Berlin Zoolog Garten	9.36
Berlin Friedrichstraße	9.50
Berlin Schlesischer Bf	10.09
Frankfurt/Oder an	11.14
Frankfurt/Oder ab	11.21
Neu Bentschen an	12.40
Neu Bentschen ab	12.46
Posen Hbf an	14.01
Posen Hbf ab	14.19
·Wreschen	15.19
Konin	16.24
Wartbrücken	17.00
Kutno an	18.00
Kutno ab	18.25
Lentschütz	19.01
Zgierz	19.53
Litzmannstadt Hbf an	20.08

Dieser bekannte Palais des jüdischen Industriellen Poznánski war Sitz verschiedener deutscher Dienst- und Verwaltungsstellen und des Gauinspekteurs und Regierungspräsidenten Friedrich Uebelhoer.

In der Meisterhaus-Straße parken mehrere Autos, hoch auf einem Dach das Bayer-Kreuz, Menschen eilen vorüber, endlose Straßenzüge, wie in jeder Großstadt. Das 1911 neu erbaute Meisterhaus (im Bild vorne links) war Sitz der Lodzer-Webermeister Innung, Träger einer alten, stolzen Handwerker-Tradition.

In und um Litzmannstadt erfreuten viele Parks und Grünanlagen die Großstädter. Beliebt war vor allem der »Heinrichbusch-Park« mit seinen schattigen Gehwegen und vielen Bänken. Auch der »Golzheimerbusch-Park« (im Bild) lud zum Verweilen ein.

Litzmannstadt. Wirtschafts-, Verwaltungs- und Verkehrszentrum, Stadt des Handels und der Banken. Die Handwerkskammer residierte in einem vornehmen klassizistischen Gebäude.

Das Haus Steinert in Litzmannstadt. Um 1830 war der Industrielle Karl Steinert eingewandert, der vier Jahre später mit einer Kattundruckerei den Grundstein zu seinem Großbetrieb legte.

Politische Übersicht:

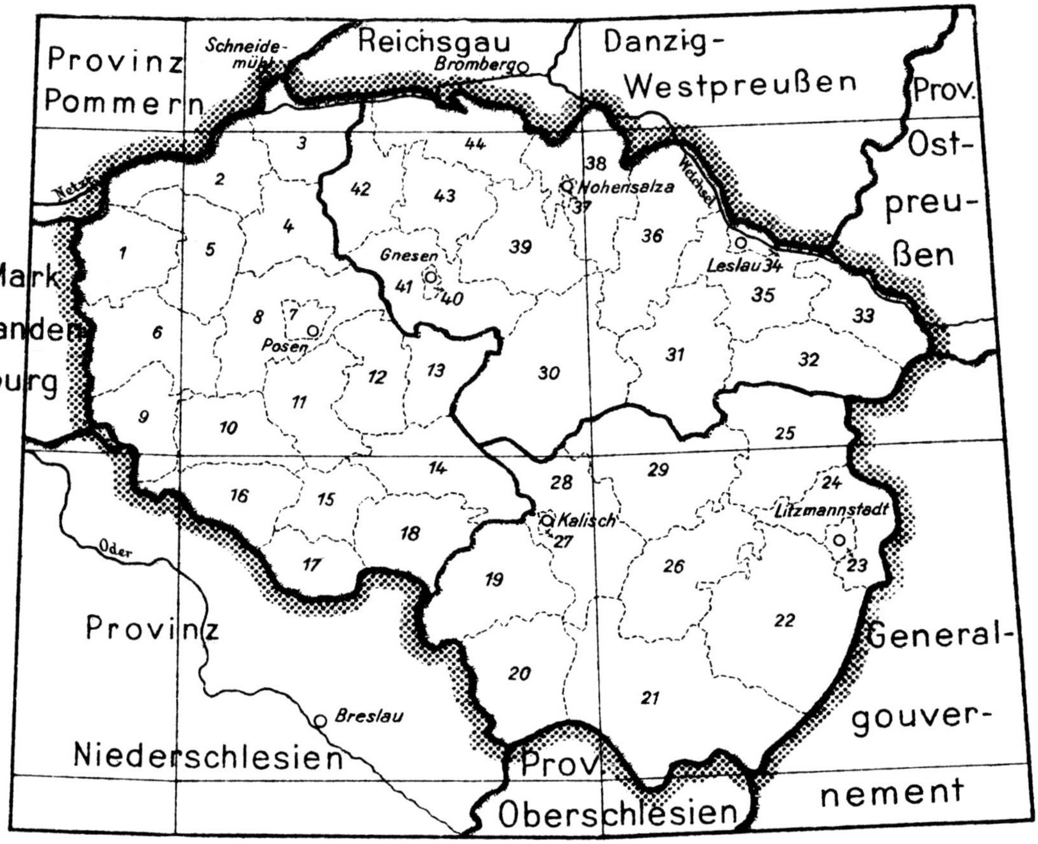

Reichsgau Wartheland

1 Landkr. Birnbaum
2 Landkr. Scharnikau
3 Landkr. Kolmar
4 Landkr. Obornik
5 Landkr. Samter
6 Landkr. Grätz
7 Stadtkr. Posen
8 Landkr. Posen
9 Landkr. Wollstein
10 Landkr. Kosten — Reg.Bez. Posen
11 Landkr. Schrimm
12 Landkr. Schroda
13 Landkr. Wreschen
14 Landkr. Jarotschin
15 Landkr. Gostingen
16 Landkr. Lissa
17 Landkr. Rawitsch
18 Landkr. Krotoschin

---

19 Landkr. Ostrowo
20 Landkr. Kempen
21 Landkr. Welungen
22 Landkr. Lask
23 Stadtkr. Litzmannstadt
24 Landkr. Litzmannstadt — Reg.Bez. Litzmannstadt
25 Landkr. Lentschütz
26 Landkr. Schieratz
27 Stadtkr. Kalisch
28 Landkr. Kalisch
29 Landkr. Turek

---

30 Landkr. Konin
31 Landkr. Wartbrücken
32 Landkr. Kutno
33 Landkr. Gasten
34 Stadtkr. Leslau
35 Landkr. Leslau
36 Landkr. Hermannsbad — Reg.Bez. Hohensalza
37 Stadtkr. Hohensalza
38 Landkr. Hohensalza
39 Landkr. Mogilno
40 Stadtkr. Gnesen
41 Landkr. Gnesen
42 Landkr. Wongrowitz
43 Landkr. Dietfurt
44 Landkr. Schubin